LA VENTE,
UN MÉTIER DE PASSION

© 2025, José Andujar

Édition : BoD · Books on Demand,
31 avenue Saint-Rémy, 57600 Forbach,
bod@bod.fr
Impression : Libri Plureos GmbH,
Friedensallee 273, 22763 Hamburg (Allemagne)
ISBN : 978-2-3225-4291-8
Dépôt légal : Mars 2025

Avec la collaboration de Murielle Neveux,
Mémoire et portrait
memoireetportrait.com

JOSÉ ANDUJAR

LA VENTE, UN MÉTIER DE PASSION

En préambule

Cet ouvrage s'adresse à ceux qui aspirent à faire carrière dans la vente et le commerce et à ceux qui viennent de débuter dans ce domaine si passionnant. Par le passé, j'ai eu le grand plaisir d'accueillir des stagiaires dans mes agences immobilières, et c'est en pensant à eux, issus pour certains de l'organisation COTEREP, que l'idée de ce livre m'est venue. Fort de mes cinquante-cinq années d'aventure commerciale et de mes contacts variés – avec des agriculteurs, ouvriers, enseignants, commerçants, cadres, médecins, gens d'église, fonctionnaires, intellectuels et j'en passe – j'ai souhaité partager mon expérience et mes observations personnelles, dans l'espoir qu'elles puissent enrichir le bagage des aspirants commerciaux. Comme vous le verrez, mon approche repose pour une grande part sur l'analyse des personnes, car il faut bien connaître les gens pour réussir dans la vente.

Tout au long de mon parcours, j'ai observé et identifié les types de personnalités ainsi que les visages de mes interlocuteurs. J'ai exploré des concepts tels que la physiognomonie, qui étudie les traits du visage, la morphopsychologie, qui déchiffre les visages, et la tonicité faciale. Ces connaissances m'ont été d'une grande utilité dans mon activité. La physiognomonie est une science qui établit un lien entre l'extérieur et l'intérieur, entre la surface visible et ce qu'elle cache d'invisible. Enfant, j'étais déjà sensible à ces éléments. J'avais peut-être cinq ou six ans. À cet âge, on ne pense pas encore à l'avenir, mais je reviendrai plus tard sur ce point. Deux décennies plus tard, en lisant un de mes auteurs préférés, j'ai découvert une phrase qui m'a marqué : « Sa physionomie annonçait son âme. » Voltaire, en quelque sorte, était un physiognomoniste avant l'heure, décrivant Candide comme un jeune homme d'apparence et d'esprit simple. La morphopsychologie repose sur l'idée que l'apparence physique d'une personne, en particulier les traits de son visage, peut donner un aperçu de son caractère. L'expression faciale peut révéler des aspects de la personnalité, de l'humour et des compétences distinctives… Autant de connaissances utiles quand se retrouve face à un client.

J'ai été amené à rêver et à croire que tout est réalisable. Bien m'en a pris, car j'ai eu un beau parcours. Dès qu'une idée ou une objection émerge dans votre *esprit, faites comme moi : saisissez-la et laissez votre imagination vous guider vers des objectifs créatifs qui vous distingueront des autres. L'enfant de six ans que j'étais, je l'ai écouté, ce qui a peut-être déterminé mon avenir d'adulte, ou, tout du moins, été une source d'inspiration.*

Ce livre s'adresse donc à toutes les personnes, jeunes ou moins jeunes, qui débutent dans la vente, qu'elle soit directe ou indirecte, peu importe leur domaine d'activité. Je pense particulièrement à ceux qui n'ont pas les moyens de suivre des études dans une école de vente et de commerce, ainsi qu'à ceux qui, n'ayant aucune notion dans ces domaines, souhaitent s'initier à une activité riche et productive. Je les encourage d'abord à se familiariser avec quelques mots clés et techniques de vente indispensables pour démarrer. Prenez le temps d'apprendre et de vous nourrir de ces concepts. Je m'adresse aussi aux étudiants déjà diplômés, qui souhaitent se réorienter vers une activité dynamique qui a fait le succès de nombreux hommes et femmes brillants. Avant de vous lancer dans une école de commerce, il peut être bénéfique de vous intéresser à la vente pour en toucher du doigt les premières nuances et découvrir cette belle activité qui peut apporter du plaisir tout au long de la vie. Pour moi, ce fut une véritable passion.

Mon but est que vous puissiez tirer le meilleur

parti de mon expérience commerciale. Bien que vous ne puissiez pas me poser de questions directement, n'ayez crainte : si vous me lisez avec cœur et envie, vous repartirez avec des phrases clés pour aborder le monde des affaires avec confiance. J'espère éveiller en vous des étincelles qui feront de vous de futurs champions de la vente. N'oubliez pas que vivre sans envie n'a pas de sens. L'envie est une exigence de la vie.

Préparez-vous à découvrir ce monde fascinant, et foncez !

Merci de me suivre dans cette aventure.

I. AU CŒUR DE LA VENTE : LA RELATION CLIENT

Au cœur de la vente se trouve un élément fondamental : la relation entre le vendeur et le prospect. Il est crucial d'écouter ce dernier et de bien cerner ses besoins, même si sa demande peut sembler vague, indécise ou mal formulée. L'objectif est de transformer ce prospect en client et de tirer parti de l'acte de vente.

L'écoute active est la pierre angulaire de cette relation. Elle permet au prospect de s'ouvrir et de préciser ses attentes. Écouter activement signifie être capable de saisir toutes les nuances de son discours, ce qui démontre que vous avez compris son message en profondeur. Cela aide à mieux appréhender les besoins du client et à renforcer la relation entre le vendeur et le prospect, en vous immergeant dans son univers.

Il est essentiel d'assimiler le processus de vente, qui consiste à se mettre sur la même longueur d'onde que l'interlocuteur, en adoptant une attitude non directive. Cela implique de ne pas chercher à diriger ou à contrôler l'autre, mais plutôt de se concentrer sur lui, sans influence ni pression, tout en faisant preuve d'empathie et en cherchant à le comprendre en profondeur.

Je vous recommande de vous intéresser aux travaux de Carl Rogers, psychologue humaniste et fondateur de l'approche centrée sur la personne. Ses idées peuvent être très enrichissantes pour un vendeur. Je l'ai moi-même lu au cours d'une formation en vente de deux ans, et mes cours enrichis de ces lectures m'ont ouvert de nombreuses portes. Cependant, rien ne vaut l'expérience : aujourd'hui, avec plusieurs décennies d'expérience et de contacts variés, je constate que 20 % des résultats proviennent des techniques de vente apprises, tandis que les 80 % restants sont le fruit de mes propres découvertes sur le terrain, souvent semées d'embûches.

Pour éviter certains désagréments, il est important de conditionner l'acheteur avec des mots percutants et agréables à entendre. Cette approche doit être appliquée à chaque client, quel que soit son profil. Le face-à-face peut être surprenant, voire intimidant au départ, mais on ne peut y échapper pour conclure des ventes. Tout comme les artistes qui transpirent avant de monter sur scène, il est crucial de séduire chaque interlocuteur et de montrer votre reconnaissance lors de ces échanges.

Enfin, il est primordial de présenter des arguments de vente convaincants qui démontrent pourquoi votre offre est supérieure à celle de vos concurrents. Cela constitue la partie visible de l'achat, intégrant une stratégie bien pensée. Les méthodes commerciales visant à acquérir des techniques de vente sont couramment utilisées pour convertir un prospect en client, en suivant plusieurs étapes : analyse, identification du suspect, prospection, négociation, conclusion et prise de commande. J'ajouterai qu'une bonne hygiène de vie est essentielle dans ce métier : il faut se lever tôt, dresser la liste de vos tâches dès le matin et rester alerte, actif et dynamique tout au long de vos journées.

1. Analyse des produits : Avant d'analyser vos cibles, il est essentiel de bien connaître vos produits afin de comprendre à qui ils s'adressent et d'élaborer une stratégie de communication adaptée. Il est impensable d'envoyer un vendeur à l'aventure sans qu'il ait préalablement bien compris le produit à vendre.

2. Suspect : À ce stade, la personne correspond au profil de votre client potentiel, mais n'a pas encore été contactée par l'équipe commerciale.

3. Prospect : La première étape consiste à

identifier de futurs clients potentiels, appelés « prospects », et à établir un contact pour cerner leurs besoins et leur proposer le produit adéquat.

4. Négociation : Trois éléments clés à considérer : la définition de vos objectifs, l'analyse de la situation et la préparation mentale.

5. Conclusion : Vous arrivez à la dernière étape du processus de vente, où il vous faut conclure un accord et présenter le contrat de manière engageante.

6. Prise de commande

Il est essentiel de mettre en confiance vos interlocuteurs. Pour inciter à l'achat, l'empathie du vendeur est une qualité essentielle. Elle permet de comprendre et de répondre aux attentes des clients, facilitant ainsi leur décision d'achat. Plusieurs facteurs entrent en jeu, notamment les émotions, les sentiments et les affects, qui jouent un rôle fondamental dans la relation avec autrui. Les émotions, en particulier, favorisent le lien social, tandis que les sentiments et les affects relèvent davantage d'une expérience intérieure. Il est important de noter que l'acte d'achat peut être influencé par la peur liée à une expérience passée, par exemple la mauvaise expérience d'un achat forcé. Il est donc crucial d'établir un lien de confiance, de bien orienter votre client et de l'empêcher notamment de céder à un achat impulsif, car il vous en voudrait et au bout du compte, vous le perdriez.

Au fil de la discussion, vos interlocuteurs évoqueront peut-être d'autres méthodes de vente que la vôtre, dont ils auraient entendu parler. Cela peut vous amener à découvrir de nouvelles approches. Mais ne vous dispersez pas. Restez concentré sur votre propre méthode. Par exemple, l'entreprise américaine Xerox a développé une méthode de vente réputée efficace : très bien, elle pourra vous enrichir, mais veillez à ne vous pas vous laisser désorienter : l'important est de pouvoir vous appuyer sur une méthode claire, efficace et précise telle que celle que nous développons ici.

En suivant les étapes de votre processus de vente, vous pourrez enrichir votre approche avec des méthodes que vous découvrirez au fil du temps. Il est important de mettre l'accent sur les désirs et les motivations du client, ce qui permet de personnaliser la vente. Pour cela, cernez les motivations d'achat en déployant tout votre charisme et votre sympathie. Mettez en avant des éléments tels que la sécurité, le confort et l'économie, qui sont des préoccupations majeures pour les clients. Une approche commerciale élégante et convaincante est essentielle pour booster vos ventes.

Les méthodes que vous appliquerez doivent cibler les besoins des clients de manière efficace, afin de surmonter les objections et de préparer des arguments solides. Expliquez les avantages et les bénéfices de vos produits ou services, car cela est devenu de plus en plus important ces dernières années. Les entreprises prennent conscience des changements induits par la révolution numérique et abandonnent progressivement le marketing transactionnel au profit d'une approche plus rationnelle.

Dans un contexte où les consommateurs sont mieux informés et plus volatils, il est essentiel de soutenir les forces de vente en leur fournissant les moyens d'optimiser la satisfaction client. Cela permet de gagner du temps et de s'adapter à un mode de consommation en constante évolution. Ce que j'appelle aujourd'hui l'expérience client est un concept marketing qui traite de la relation entre la direction et les clients. Elle englobe une combinaison d'éléments cognitifs, émotionnels, sensoriels, ainsi que des interactions physiques, spirituelles et sociales, que la direction doit prendre en compte pour satisfaire ses clients.

Ciblez les clients ayant le plus de potentiel

d'achat et identifiez de nouveaux prospects. Ce processus peut prendre du temps et nécessite une technique que vous apprendrez avec l'expérience.

II. L'ART DE CONVAINCRE : APPRENDRE À BÂTIR UNE ARGUMENTATION EFFICACE

Pour préparer une argumentation efficace, il est essentiel de suivre plusieurs étapes :

1. Établir une liste d'arguments exhaustive

2. Déterminer la forme de présentation de ces arguments.

3. Identifier la question centrale qui structurera votre exposé argumentatif.

4. Graduer l'importance de vos arguments, en réservant les plus percutants pour la fin. Je recommande de commencer par une accroche forte, en liant votre argumentation à un enjeu, une norme ou une valeur significative.

5. Prévoir la possibilité de ne pas utiliser certains arguments. Attendez que votre interlocuteur pose des questions, ce qui lui permettra de s'engager et de remettre en question l'intérêt de votre projet ou produit.

6. Fournir, à sa demande, d'autres arguments qui pourraient l'intéresser.

7. Choisir les formes de présentation adaptées à vos arguments. Bien présenter un argu-

ment pour vendre une idée, un projet ou un produit est un exercice captivant qui attire l'attention et met en valeur ses qualités. Il s'agit d'une véritable mise en spectacle.

N'oubliez pas que votre interlocuteur a ses propres préoccupations et jugera la valeur de votre projet en fonction de celles-ci.

Soyez attentif au choix des mots : certains termes, phrases ou idées peuvent être difficiles à comprendre et à retenir pour votre interlocuteur. L'utilisation excessive de jargon, d'acronymes ou de sigles peut nuire à la compréhension. Passez vous des mots trop compliqués, expliquez les termes peu connus lors de leur première utilisation, et développez les acronymes.

Je ne peux pas détailler tout ce que j'ai appris au cours de ma carrière d'expert en vente, mais vous découvrirez des éléments qui résonneront avec votre personnalité. Vous développerez vos propres phrases percutantes et, chaque jour, vous constaterez vos progrès, tout comme les athlètes de haut niveau qui s'entraînent ardemment pour réussir.

Mettez en avant les avantages de votre produit de manière persuasive. Déployez les points stratégiques de votre dossier commercial en utilisant des phrases courtes et percutantes. Soyez concret, développez vos arguments avec précision, et gardez en tête que convaincre nécessite de prouver les bénéfices.

Il est crucial de décrire les caractéristiques d'un produit ou d'un service, qu'elles soient physiques ou techniques. Une bonne présentation renforce vos arguments. Il s'agit de prouver que les produits offrent réellement les avantages promis, en utilisant des témoignages de clients, des démonstrations ou des données factuelles.

Tout au long de votre parcours de vendeur, il vous faudra donner envie à vos interlocuteurs, et saisir les besoins d'estime, de compréhension, d'apprentissage, d'apparence, d'appartenance, de sécurité, qui constituent le socle même de l'envie.

Gardez aussi à l'esprit les notions de gratitude et d'altruisme, qui sont des valeurs essentielles. La gratitude est une marque de reconnaissance, tandis que l'altruisme nous pousse à nous intéresser aux autres. Pratiquer la gratitude au quotidien est un gage de bonne santé physique et mentale. Soyez conscient que nous avons besoin des autres pour exister et adoptez un regard positif sur la vie.

En somme, la vente est un art qui nécessite

réflexion et ouverture à l'autre. Soyez conscient de l'importance de ces valeurs dans votre parcours professionnel.

III. CERNEZ VOTRE PROSPECT EN UN COUP D'ŒIL !

Posséder des connaissances en morphopsychologie peut s'avérer très bénéfique dans le domaine de la vente. La morphopsychologie établit un lien entre les traits physiques d'un individu et sa personnalité. Vous pratiquez déjà, sans le savoir, la morphoanalyse au quotidien ! Ainsi, vous avez probablement remarqué que les personnes avec des mâchoires fortes ont tendance à s'imposer et à mener leurs affaires avec énergie. De nombreux grands dirigeants et personnalités influentes ont de telles mâchoires : ils ont du caractère, ils s'accrochent et réussissent ! Bien sûr, il ne s'agit pas de réduire la personnalité d'une personne à l'analyse de ses traits physiques, mais quelques connaissances dans ce domaine peuvent vous aider à mieux comprendre la personnalité de votre prospect. C'est un outil parmi d'autres.

Je me souviens, enfant, vers l'âge de 6 ou 7 ans, d'un voisin, Ramon, qui m'intimidait. Je ne le trouvais pas du tout engageant, à cause de ses sourcils épais en demi-cercle qui tombaient vers le bas, tout comme sa bouche. Ma mère me disait :

« C'est vrai ! Notre voisin a un visage sévère, mais il est très gentil ! »

À l'inverse, j'avais une voisine, Gregoria, qui avait un visage rond et agréable, avec des sourcils qui s'élevaient. Elle était plaisante à regarder et me rassurait. Plus tard, en feuilletant une revue professionnelle, j'ai découvert les portraits de deux personnes qui ressemblaient trait pour trait à mes voisins : il était mentionné que le visage de Ramon révélait une personnalité très pessimiste, ce qui expliquait sans doute son apparence peu engageante ; tandis que le visage de Gregoria symbolisait l'optimisme. L'un était l'ombre, l'autre la lumière... C'est ainsi que je percevais mes voisins durant mon enfance. Cette lecture a été un déclic qui m'a poussé, plus tard, à approfondir le sujet de la physionomie lorsque je me suis orienté vers la vente.

Enfant, je m'interrogeais également sur le nez de certaines personnes. Mon frère, par exemple, avait un nez très long, je le trouvais étrange. Plus tard, en grandissant, j'ai réalisé que mon frère était particulièrement perspicace. Il avait du flair, comme on dit !

La morphopsychologie est souvent considérée comme une pseudo-science. Certains s'en méfient car elle repose sur l'observation plutôt que sur des données scientifiques. Pourtant, depuis la nuit des temps, l'être humain cherche à décoder autrui en analysant les traits de son visage. Notre apparence physique nous révèle-t-elle vraiment aux autres ? Certaines études semblent l'affirmer. Mon expérience m'a prouvé que les visages sont très révélateurs de la personnalité des individus, et lorsque je suis devenu vendeur, mes observations empiriques, combinées à mes connaissances théoriques en morphopsychologie, m'ont réellement aidé à saisir, d'un simple coup d'œil, la personne en face de moi. Pendant mes études, mes professeurs parlaient de morphopsychologie, mais de manière trop évasive. La vente consiste à convaincre son interlocuteur : pour persuader, ne faut-il pas connaître la personne qu'on a en face de soi ? Et orienter son argumentation en fonction de celle-ci ?

Je vais maintenant vous exposer ce que j'ai compris en observant les visages. Je vais tenter de le faire de manière plaisante. Après tout, pour l'instant, c'est vous, chers lecteurs, qu'il me faut convaincre et séduire ! Après lecture, n'oubliez pas d'analyser les visages de ceux qui vous entourent : je suis certain que vous découvrirez une vérité indéniable dans ma présentation !

Les sourcils

Commençons par les sourcils, qui sont souvent plus révélateurs qu'on ne le pense au premier abord. Des sourcils mobiles et expressifs signalent un individu réceptif et ouvert aux émotions. Des sourcils fournis, en action, indiquent un grand potentiel en matière de communication et d'expression des sentiments, ainsi qu'une personnalité sympathique, voire empathique, qui cherche à comprendre son entourage.

Lors de votre premier contact avec vos interlocuteurs, observez la mobilité de leurs sourcils. Si vous les voyez bouger, sachez qu'ils se posent de nombreuses questions et que leur pensée est en plein mouvement, générant ainsi une multitude d'émotions, qu'il s'agisse de joie, d'enthousiasme, d'étonnement, de colère ou d'inquiétude…

Certaines personnes sont opportunistes et savent utiliser tous les moyens à leur disposition pour surmonter les obstacles et atteindre leurs objectifs. Les sourcils courts traduisent souvent ce type de personnalité. Ils indiquent également un individu pragmatique, voire terre à terre, avec une détermination à avancer dans la vie quotidienne.

Il est important d'observer la longueur des sourcils en relation avec le nez : un long nez harmonisé avec de longs sourcils, rétablissant les proportions du visage, dénote une personne posée, calme, capable de garder son sang-froid et de prendre du recul face aux problèmes de la vie. Ce sont des individus dotés d'une sérénité et d'une résilience impressionnantes !

Nos sourcils sont des faux-jumeaux, tout comme nos yeux, et ils définissent la structure du visage.

Les sourcils incurvés révèlent une grande sensibilité et une certaine réticence face à des situations peu familières.

Des sourcils parfaitement droits donnent un regard dur et suggèrent un caractère fort, équilibré, associé à un sens du commandement exceptionnel. Les personnes ayant ce type de sourcils sont souvent des bourreaux de travail, démontrant un grand équilibre de raisonnement, un sens des réalités et un respect d'autrui. Ces individus ne se laissent pas intimider et sont conscients de leurs qualités et de leur savoir.

Des sourcils rectilignes se terminant vers le bas, associés à une bouche en demi-cercle, dénotent une personne plutôt pessimiste (comme mon voisin Ramon mentionné précédemment), avare et parfois pleurnicharde. En revanche, des sourcils droits et ouverts, dirigés vers le haut, traduisent une nature optimiste, comme je l'ai évoqué plus haut avec l'exemple de Gregoria. Les sourcils droits et rectilignes sont également le signe d'une sensibilité, et l'on peut y déceler un type rieur.

Des sourcils tombants vers le bas et en même temps épais trahissent un caractère plutôt désagréable, mais s'ils sont épais et montent vers le haut, ils révèlent une personnalité à la fois charismatique et volontaire. Ce sont des esprits libres qui souhaitent profiter de la vie. Des sourcils épais et rectilignes peuvent indiquer une personne d'humeur maussade et irrégulière, voire un tantinet lunatique.

Des sourcils ni trop épais, ni trop fins, reflètent la persévérance, la volonté et la fermeté.

Selon des chercheurs de l'université de Toronto, des sourcils très épais et fournis seraient le signe d'un niveau de narcissisme élevé.

Conclusion : « Montre-moi tes sourcils et je te dirai qui tu es. »

Les sourcils traduisent avec certitude les états d'esprit en action et révèlent beaucoup de choses sur la personnalité.

Petit interlude… Un sourcil levé est l'un des éléments les plus expressifs du langage corporel ; il peut exprimer l'étonnement sur divers sujets. Par exemple, lors d'un séminaire avec un vendeur que j'ai formé, le conférencier a lancé une phrase farfelue concernant la FNAIM. Mon vendeur, en me fixant, semblait me demander si c'était bien ou mal. J'ai alors levé discrètement un sourcil, signalant ainsi que quelque chose n'allait pas. C'est un moyen subtil de transmettre un message sans dire un mot. Cependant, un sourcil levé peut aussi être interprété comme un signe d'approbation, surtout s'il est accompagné d'un léger sourire. Faites vous-même bien attention au mouvement de vos sourcils pendant une vente ! C'est là que réside toute la subtilité du langage corporel du dirigeant. Le langage corporel du vendeur est un art délicat, un jeu de signaux et de gestes qui complète les mots prononcés. Le sourcil levé, le regard furtif, le haussement d'épaules et le sourire en coin font partie de cet arsenal d'expressions qui permettent aux vendeurs de communiquer sans dire un mot, éventuellement avec humour et finesse.

Les yeux

Ne dit-on pas que les yeux sont le miroir de l'âme ?

La couleur de nos yeux pourrait nous prédisposer à certains traits de caractère. À l'université de Dallas au Texas, le psychologue William Telford a démontré que la réactivité dans certains tests des personnes aux yeux foncés est supérieure à celle des personnes aux yeux clairs. Les mouvements des yeux sont des indicateurs précieux de notre manière de réfléchir ; ils sont utilisés dans des recherches sur le rappel de souvenirs, la résolution de problèmes, les processus d'apprentissage, le raisonnement interne et même le calcul mental.

Beaucoup d'expressions font référence aux yeux : N'avoir que ses yeux pour pleurer, ne pas avoir les yeux dans sa poche, jeter de la poudre aux yeux, faire de gros yeux, avoir des yeux de lynx, coûter les yeux de la tête (l'expression équivalente en Allemagne est coûter le blanc des yeux, et en Espagne, coûter un œil et la moitié de l'autre !) Cette myriade d'expressions souligne l'importance primordiale attachée aux yeux. On dit aussi, quand une personne ou un objet a une très grande valeur, affective et parfois financière, qu'on y tient « comme à la prunelle de ses yeux ». Et l'on parle aussi des yeux de l'amour ! Les yeux expriment l'attraction, l'affection ou l'amour que l'on ressent pour une autre personne.

Lorsqu'une personne regarde une autre dans les yeux sans détourner le regard, consciemment ou non, elle souhaite faire passer un message. Si un semblant de gêne s'ajoute à cette insistance, on peut imaginer que nous sommes dans un jeu de séduction.

Si l'écart entre chaque œil et la racine du nez est grand, cela indique une imagination fertile. Le regard pensif ! Et lorsqu'une personne se parle à elle-même, c'est qu'elle se culpabilise.

L'organe de la vision est l'un des plus expressifs. Si l'on est un tant soit peu attentif et averti, il est possible de lire les émotions d'une personne dans ses yeux. C'est une capacité que nous pouvons développer. En effet, le regard est la partie de l'être humain qui révèle le plus, transmettant de nombreuses informations et permettant une connexion plus intense. Comprendre toutes ces pistes non verbales inscrites dans les yeux des autres vous permettra de deviner, par exemple, la fausseté, la sincérité, l'esprit d'action, etc. Becquer disait que quiconque peut parler avec son regard peut aussi embrasser avec les yeux.

Avec un peu d'expérience, vous apprendrez à lire le regard de vos interlocuteurs. Pour vendre, c'est essentiel.

Et n'oubliez pas, j'insiste avec force, que les yeux font vendre ! De même, les couleurs incitent à l'achat. Les couleurs qui attirent les clients et suscitent l'envie d'acheter sont d'une part, le violet, qui évoque la beauté et le bien-être, le vert, qui rassure, le jaune, qui attire la curiosité, crée de l'intérêt et génère un sentiment positif, le bleu, qui inspire confiance, le noir, qui fascine, et le rouge, qui est énergisant, favorise la prise d'initiative et redonne du baume au cœur… J'arrête ici la digression !

Les paupières

Tout d'abord, les paupières se manifestent par un large éventail de signaux. Elles sont constituées d'une peau fine qui protège l'œil. Mal positionnées, elles peuvent réduire le champ de vision et exposer l'œil à des agressions, ce qui altère la vue. Les personnes ayant des paupières relâchées peuvent montrer des signes de fatigue chronique ou de stress, entraînant une certaine gêne oculaire. Des paupières lourdes sont aussi un marqueur de fatigue. Si les paupières se rétractent soudainement autour du globe oculaire, cela indique une fatigue intellectuelle. Lorsque les paupières supérieures s'affaissent, entraînant une perte du champ visuel, on parle de ptôse, c'est-à-dire de « chute de la paupière » : celles-ci donnent un air triste. Il est intéressant d'observer les paupières, car elles indiquent le niveau de fatigue de votre interlocuteur.

Le nez

La Genèse biblique explique que Dieu souffla dans les narines de l'homme et le rendit ainsi vivant… Par le nez, souffle la vie… Le nez est très parlant. Il est situé au centre du visage, c'est la première chose que l'on remarque chez une personne. J'en ai déjà parlé brièvement ci-dessus en évoquant le nez de mon frère. À travers les âges, il a suscité diverses expressions : avoir le nez creux, avoir du nez, avoir le nez fin, avoir le nez qui fend l'air, à vue de nez…

La forme et la taille du nez peuvent en grande partie refléter la personnalité. Par exemple, les personnes ayant un nez long ont souvent l'occasion de mettre en avant leur intelligence. J'ai remarqué que certains développent cette qualité. En revanche, un nez court est généralement associé à une grande capacité d'adaptation, une souplesse d'esprit et une tendance à l'espièglerie. Ces deux types de nez peuvent aussi indiquer un esprit de contradiction, rendant les discussions parfois difficiles.

Le nez plat, qui représente environ 5 % de la population, est souvent perçu comme un signe d'immaturité. Le nez charnu, surnommé «nez d'Einstein», est associé à des personnes sensibles et généreuses, représentant 25 % de la population. Le nez de faucon, bien que considéré comme peu esthétique et représentant 3 % de la population, est souvent lié à des traits d'avarice. Le nez romain, avec une arête droite et une pointe légèrement courbée vers le bas, est fréquent chez les personnes ayant une pensée claire, représentant 9 % de la population. Le nez grec, qui arbore une forme parfaite semblable à celle des statues de la Grèce antique, est associé à des individus stratégiques et patronaux, représentant également 3 % de la population. Enfin, le nez égyptien, caractérisé par sa longueur et sa finesse, avec une arête droite et une pointe légèrement inclinée vers le bas, confère une apparence royale et distinguée, évoquant la beauté antique de Cléopâtre, et représente 2 % de la population.

La bouche, les lèvres

La bouche : une étude réalisée auprès de nombreuses personnes de tous âges a établi que la bouche parfaite était symétrique, à l'instar de celle de Taylor Alison Swift. Notre type de bouche révèle notre degré de générosité, de calme et de désir de stabilité. La bouche nous amène au sourire, à l'expression, à la communication et au plaisir de nombreuses choses. Cette partie de notre visage est essentielle au débit de notre langage. Le sourire, à lui seul, est un véritable lien social. Cette zone de notre visage porte de nombreuses symboliques qui convergent toutes vers la relation que nous entretenons avec le monde extérieur. Une bouche au tracé rectiligne est le signe d'une pensée d'un être fuyant, plutôt calme, voire trop sérieux. Des ridules apparaissent autour de la bouche et se creusent de manière particulièrement marquée : elles peuvent être le signe d'une personne qui fume.

Les lèvres : les commissures des lèvres indiquent un caractère optimiste ou pessimiste selon qu'elles tombent ou sont relevées. Lorsque la fossette, ou « philtrum », entre le nez et la lèvre supérieure, est bien dessinée, cela dénote

35

une nature gourmande, ouverte aux plaisirs.

Quelques observations :

Lèvres fines : goût de la solitude.

Lèvres de taille moyenne : recherche de stabilité.

Lèvres épaisses ou pulpeuses : générosité et ouverture.

Lèvre supérieure plus fine que la livre inférieure : sensualité.

Arc de Cupidon (forme en V située au centre de la lèvre supérieure) marqué : personnalité avenante.

Arc de Cupidon arrondi : gentillesse et vulnérabilité.

Arc de Cupidon très large : grand sens des responsabilités.

Le mouvement des lèvres reflète l'état d'esprit du moment. Une bouche pincée peut indiquer la méfiance ou le dégoût, tandis qu'une bouche en cœur est toujours en action pour plaire, faisant ainsi des mines pour séduire. La bouche est aussi liée à la voix et à la respiration ; elle représente le passage entre l'extérieur et l'intérieur, elle nous permet d'exprimer nos émotions et d'interagir avec notre entourage. La bouche et les lèvres nous amènent au sourire, à l'expression, à la communication et au plaisir. Le sourire, à lui seul, constitue un véritable lien social, et l'ensemble de ces éléments converge vers la description de la relation que nous entretenons avec le monde extérieur.

Le menton

Le menton, dit-on, est propre à l'homme. Cette caractéristique pourrait être due à une autapomorphie de l'homo sapiens, mais elle apparaît également chez l'homo neandertalensis, cousin de l'homo sapiens. Que signifie se toucher le menton ? J'ai remarqué ce geste chez 90 % de mes interlocuteurs. Selon les comportementalistes, ce geste est avant tout lié au doute, à l'agacement, voire à l'énervement et à l'irritation : il n'est pas le signe d'un trait de caractère spécifique mais indique un état d'esprit momentané.

La forme du menton, en revanche, est très significative. On observe :

Des mentons carrés : ils indiquent des personnes sachant attirer l'attention, dotées d'une forte personnalité. Ce sont des leaders, capables de s'imposer et de diriger.

Des mentons courts et petits : la personne est intelligente, souvent douce, chaleureuse et digne de confiance.

Des mentons allongés : la personne est charmante mais aussi ambitieuse, active, et sait prendre des risques.

Des mentons arrondis : la personne est amicale, généreuse, posée et optimiste.

Des mentons fuyants : la personne est introvertie et indépendante.

La mâchoire

La mâchoire traduit la volonté, mais elle est aussi le lieu de nos crispations physiques et psychologiques. La plupart des gens ont tendance à exprimer leurs émotions et leurs sentiments en serrant plus ou moins la mâchoire. Limiter l'ouverture de la bouche est un exemple de tension.

Voici quelques types de mâchoires et leurs significations :

Mâchoire carrée : Souvent associée à des personnes déterminées, assertives et confiantes. Ces individus peuvent être perçus comme des leaders naturels, avec une forte volonté.

Mâchoire arrondie : Les personnes avec une mâchoire plus douce et arrondie sont souvent considérées comme amicales, sociables et empathiques. Elles peuvent avoir une approche plus douce des relations interpersonnelles.

Mâchoire fine : Cela peut indiquer une personnalité plus sensible et délicate. Ces individus peuvent être perçus comme réfléchis et parfois introvertis.

Mâchoire proéminente : Une mâchoire qui avance peut être associée à des traits de caractère tels que la franchise, l'honnêteté et parfois une certaine agressivité. Ces personnes peuvent être perçues comme directes dans leur communication.

J'ai relevé quelques expressions amusantes avec le mot « mâchoire » : on dit par exemple d'un homme grossier ou d'un esprit lourd qu'il a « la mâchoire pesante », et que celui qui ne sait pas ce qu'il devrait savoir qu'il est « une mâchoire d'âne ». « Branler la mâchoire » signifie manger goulûment ! J'arrête ici la digression !

Les oreilles, le crâne et le front

Les oreilles collées au crâne témoignent d'une certaine pondération. Le dynamisme, plus ou moins marqué, se reflète dans le développement du pavillon de l'oreille, notamment dans sa partie antéro-postérieure. L'oreille possède-t-elle un lobe ou en est-elle dépourvue ? L'absence de lobe accentue les traits d'égoïsme, d'avarice et d'incompréhension. Un lobe moyennement développé indique bonté et compréhension, tandis qu'un lobe exagérément développé révèle une absence de sens moral.

La forme et le développement du crâne peuvent se manifester de différentes manières. Un crâne développé en hauteur indique un esprit mathématicien, voire un théoricien pur. Un crâne développé en arrière et en bas indique un esprit pratique.

Le front parle-t-il ? Un front haut est le signe d'un intellectuel, tandis qu'un front bas désignerait un esprit peu évolué. Un front bombé traduit l'entêtement. Si les rides se développent sur le front plus qu'ailleurs, cela indique le sérieux et la préoccupation.

Pour conclure, l'interprétation des traits du visage demande un grand sens de l'observation et un peu de pratique. Il faut veiller à ne pas se limiter à la lecture d'un seul trait, mais regarder l'ensemble des particularités, dont les plus saillantes, pour déceler le fond d'une personnalité. Je vous invite à vous procurer les écrits du penseur suisse Johann-Kaspar si vous voulez approfondir vos connaissances en physiognomonie.

IV. PSYCHOLOGIE DE LA VENTE ET BEHAVIORISME

La psychologie de la vente est une discipline qui s'intéresse aux mécanismes mentaux et émotionnels influençant le comportement d'achat des consommateurs. Comprendre ces mécanismes permet aux vendeurs de développer des stratégies efficaces pour stimuler les ventes. La psychologie est une science empirique, c'est-à-dire fondée sur l'observation et l'expérimentation. Pour accéder à l'observation, il est nécessaire de mener quelques expériences. Cela m'amène au béhaviorisme. Le behaviorisme est une approche psychologique qui se concentre sur l'étude des comportements observables des individus, plutôt que sur les processus mentaux internes. Cette théorie soutient que tous les comportements sont acquis par le biais de l'interaction avec l'environnement, notamment à travers des mécanismes tels que le conditionnement classique et le conditionnement opérant. Les behavioristes croient que, en observant et en mesurant les comportements, il est possible de comprendre et de prédire les actions humaines. Cette approche a été particulièrement influente au cours du 20e siècle, avec des figures emblématiques comme John B. Watson et B.F. Skinner. En d'autres termes, selon les behavioristes, le comportement peut être ramené au schéma stimulus-réaction : l'individu adopte un certain comportement lorsqu'il perçoit un stimulus. Tout comportement est donc déterminé par l'environnement dans lequel on vit, puisque le stimulus ne peut provenir que de celui-ci ; aucun comportement n'échappe à ce mécanisme... La théorie béhavioriste reste intéressante même si, depuis Freud, l'invention de la psychanalyse, fondée sur le vécu et les concepts d'inconscient/conscient/subconscient l'a rejetée dans l'ombre. Dans le contexte de la relation entre un vendeur et un client, l'intérêt du behaviorisme peut se manifester de plusieurs manières :

1. Compréhension des comportements : En observant les comportements des clients, un vendeur peut mieux comprendre leurs besoins et leurs préférences. Cela permet d'adapter l'approche de vente pour répondre plus efficacement aux attentes des clients.
2. Renforcement positif : Le behaviorisme met l'accent sur le renforcement des comporte-

ments souhaités. Un vendeur peut utiliser des techniques de renforcement positif, comme des compliments ou des offres spéciales, pour encourager les clients à acheter ou à revenir.

3. Formation et développement : Les principes behavioristes peuvent être appliqués dans la formation des vendeurs. En se concentrant sur des comportements spécifiques à adopter lors des interactions avec les clients, les vendeurs peuvent améliorer leurs compétences en communication et en persuasion.

4. Analyse des résultats : En se basant sur des données comportementales, les vendeurs peuvent analyser l'efficacité de leurs stratégies de vente. Cela permet d'ajuster les méthodes utilisées pour maximiser les résultats.

En somme, le behaviorisme offre des outils précieux pour améliorer la relation entre un vendeur et un client, en se concentrant sur l'observation et l'adaptation des comportements pour créer une expérience d'achat positive et engageante.

V. QUALITÉS ET ATTITUDE D'UN BON VENDEUR

Le métier de vendeur consiste à vendre un produit ou un service à des clients avec lesquels il est en contact direct. Son rôle inclut le conseil au client, en fonction des goûts et besoins de ce dernier. Un vendeur doit bien connaître ses produits, mais il doit aussi maîtriser l'art des relations humaines ! Il se doit d'être accueillant, disponible et souriant, il doit avoir une présentation irréprochable, bien qu'aujourd'hui, le port du costume et de la cravate soit de moins en moins courant. Il doit posséder le sens de la répartie et de la diplomatie, être subtil et agir avec délicatesse pour inciter le client à acheter sans lui donner l'impression de le forcer.

Comment établir un bon contact avec un client ?

1. Soigner la bonne attitude.

2. Saisir le bon moment.

3. Mettre en place un dialogue.

4. Instaurer un climat de confiance propice à l'échange.

5. Connaître l'identité et le temps disponible

de l'interlocuteur.

6. Utiliser une phrase choc.
7. Tenir un langage positif.
8. S'imprégner du cadre de référence.
9. Utiliser les différentes facettes du produit à vendre.

Une vente ne se joue pas au petit bonheur la chance… Elle se prépare et se soigne. Attention au débit de parole : pour instaurer un climat de confiance, il faut vous faire comprendre de votre interlocuteur, alors parlez avec conviction, mais posément, sans le noyer sous un flot de paroles débitées à toute allure, et, je le répète, utilisez des mots à la portée de l'acheteur.

La vente est un métier noble, veuillez-vous en persuader !

Si vous avez rendez-vous avec un client, n'oubliez jamais que l'exactitude est une marque de politesse. Si vous habitez loin du lieu de rendez-vous, assurez-vous d'être sur les lieux avant le client, ne soyez pas en retard ! J'ai longtemps travaillé dans l'immobilier, et j'ai toujours tenu à être sur les lieux de la visite avant mes acquéreurs potentiels.

Créez une atmosphère chaleureuse en préparant la vente avec délicatesse et élégance. Utilisez des mots apaisants et polis, positionnez-vous avec assurance, et créez une am-

biance de plénitude grâce à des phrases com-
préhensibles et sympathiques aptes à détendre
le client. Brisez la glace avec art et finesse ! Ne
vous montrez pas trop pressé, même si vous
l'êtes ! Positionnez-vous et faites valoir l'intérêt pour le produit à vendre par une phrase
« choc », soigneusement préparée pour entrer
dans le face-à-face tant attendu de la vente. Il
est important de ne pas adopter une attitude
trop sûre de soi lors d'une première rencontre.
Bien que cela puisse sembler positif, il est essentiel d'agir avec tact, car une telle attitude
pourrait compromettre l'intérêt du client. Inté-
ressez le client, sans le brusquer ni l'ennuyer.
Travaillez votre charisme ! Il est important
d'avoir confiance en vous-même et de montrer
que vous êtes sûr de votre produit : croyez en
vos capacités et utilisez des mots percutants.
Aucun doute ne doit subsister dans la tête du
client.

Comment présenter votre produit ?

J'ai abordé un aspect de cette question en
chapitre II, mais permettez-moi d'approfondir
ici certains points. Vérifiez en premier lieu que
l'objet que l'on vous a chargé de vendre n'a pas

déjà été proposé au client. En cas de doute, parlez-en autour de vous, y compris à votre chef de vente ou à des supérieurs de la direction. Votre présentation doit être personnelle. Veillez à ce qu'elle comporte des mots percutants, utilisez des arguments qui vous distinguent et des phrases qui incitent à l'achat. Ces phrases vous appartiennent. En effet, dans cet univers de la vente, laissez-vous emporter par la valse des mots.

Pour bâtir votre présentation, fondez-vous sur l' « eye-tracking », technique qui permet de mesurer et d'analyser les mouvements des yeux d'une personne lorsqu'elle regarde un écran, un produit ou un environnement. Dans le domaine de la vente, l'eye-tracking est utilisé pour comprendre comment les clients interagissent visuellement avec un produit. Cela permet d'obtenir différentes perspectives sur l'expérience client. Observez vos clients et tirez-en toutes les conclusions utiles pour votre présentation. Prenez le temps de bien réfléchir.

1/ Posez-vous quelques questions : que peut apporter votre action ? Comment peut-elle être mise en place ? Comment la gérer ? Y a-t-il des inconvénients liés à la présentation ?

2/ Ensuite, construisez : organisez votre action, offrez une présentation correcte en reprenant les questions que vous vous êtes posées lors de votre préparation et en y répondant à votre manière.

3/ Communiquez avec clarté et subtilité : pour faciliter la communication et ouvrir le dialogue, n'hésitez pas à formuler des questions, puis faites des suggestions en fonction de vos produits. Veillez à parler clairement, de manière intelligible. Une bonne diction et une bonne élocution constituent la base de toute prise de parole et de la transmission fluide et intelligible de sa pensée. Pour améliorer votre diction, il est essentiel de chauffer votre voix, comme le font les chanteurs avec leurs vocalises, afin de mieux vous faire comprendre par vos interlocuteurs. Exprimez-vous en articulant un peu plus que d'habitude, en fixant votre interlocuteur dans les yeux sans trop varier le ton. Le ton doit rester constant et ne pas être minimisé. Il est essentiel de bien articuler afin que l'interlocuteur, avec qui vous avez réussi à établir un premier contact, n'ait pas à faire d'efforts pour vous comprendre. En articulant clairement, votre interlocuteur sera progressivement gagné par la sérénité, ce qui permettra d'obtenir un face-à-face apaisé. Restez attentif à l'autre.

Les leviers psychologiques

1. La sécurité : Tout client a besoin d'être rassuré. Il est donc essentiel d'apporter une attention particulière à la fiabilité du produit, en offrant assurance et garantie. Lorsque la sécurité est identifiée comme l'un des principaux critères d'achat, il convient de communiquer des preuves concrètes de la qualité d'un produit ou d'un service, ainsi que de la fiabilité de l'entreprise, afin de gagner la confiance d'un prospect. Soyez attentif à ce qui suit : l'homme est un être social par nature, et il s'inspire des modèles qui influencent ses pensées et ses actions. Cela est d'autant plus vrai dans des situations non familières, où nous nous tournons vers les autres pour valider nos décisions. C'est ce que l'on appelle la preuve sociale.

2. L'orgueil : Avant tout, permettez-moi un petit « interlude » sur l'orgueil, cette vanité qui nous pousse à croire en notre propre excellence, à nous aimer de manière excessive et à nous juger supérieurs aux autres. L'orgueil est un levier décisionnel important pour le prospect ou le client. Si ce critère est très marqué chez votre cible, il faudra moins flatter son égo que lui faire sentir qu'il a un statut privilégié.

Montrez au prospect qu'il est au centre des préoccupations du commercial ou, plus généralement, de la marque. Par exemple, mettez en valeur le fait que vous proposez des produits et services haut de gamme. Montrez à votre client qu'il bénéficiera d'un suivi personnalisé et proposez des préventes ou des événements considérés comme VIP. Cela peut s'avérer plus efficace que les nouveaux outils promotionnels. Par ailleurs, il est essentiel d'optimiser votre stratégie de suivi client. Découvrez les clés pour comprendre, déployer et améliorer ce suivi. Soyez réactif et transparent : dans un contexte hautement concurrentiel, informez et conseillez votre clientèle.

3. La nouveauté : Les clients qui considèrent la nouveauté comme un critère principal d'achat recherchent l'originalité d'une marque par rapport à ses concurrents. Il y a encore quelques années, les habitudes de consommation, les comportements et les attentes des individus différaient considérablement en fonction des zones géographiques et des cultures. Les entreprises devaient donc réaliser des études de marché locales (par pays ou grandes régions) pour réussir à acquérir des acheteurs.

4. Le confort : Qu'est-ce que le confort d'achat ? C'est l'ensemble des conditions matérielles et immatérielles qui favorisent les décisions d'achat d'un consommateur lors de sa visite dans un magasin et de sa découverte. Quelles sont les trois motivations d'achat ? Celles-ci poussent les consommateurs à acheter au-delà de leurs besoins. Elles sont importantes à prendre en considération, car elles guident l'acte d'achat. On distingue les motivations émotionnelles : ces motivations sont liées aux sentiments et aux émotions. Les consommateurs achètent souvent des produits ou des services pour satisfaire des besoins affectifs, comme le désir de se sentir bien, d'appartenir à un groupe, ou de vivre une expérience agréable. Par exemple, une personne peut acheter un parfum pour se sentir séduisante ou un cadeau pour faire plaisir à un proche. On distingue également les motivations rationnelles, qui sont basées sur des considérations logiques et pratiques. Les consommateurs prennent des décisions d'achat en évaluant les caractéristiques, les avantages et le rapport qualité-prix des produits. Par exemple, une personne peut choisir un produit en fonction de sa durabilité, de son efficacité ou de son coût, cherchant à faire un choix judicieux qui répond à ses be-

soins. On relève par ailleurs les motivations sociales, qui sont influencées par le désir d'interagir avec les autres et de se conformer aux normes sociales. Les consommateurs peuvent acheter des produits pour impressionner leurs pairs, suivre des tendances ou se conformer à des attentes culturelles.

Cultivez l'envie !

Surtout, gardez l'envie en vous, ne vous découragez pas, soyez confiant ! Les personnalités comme Ford, Edison, Marconi et d'autres, doivent leur réussite exceptionnelle à leurs compétences hors normes, mais aussi et surtout à leur envie de réussir. Gardez cette envie de gagner au fond de vous ! Dites-vous, fermement : « C'est ce que je veux, je le veux et je peux le faire. » Ainsi, à votre tour, imitez les géants de la vente, soyez passionné, la clé de votre succès est là !

L'envie peut vous mener très loin et vous aider à réaliser des projets qui semblaient autrefois impossibles. Vous pouvez désormais affirmer que c'est fantastique, et ce n'est pas de l'imagination. Cela m'est également arrivé de manière surprenante dans mes premiers mois.

Vous aussi, vous pouvez obtenir tout ce que vous désirez dans votre vie. Croyez-le ! Mais croyez-le vraiment : si vous êtes positif dans vos désirs, les choses que vous voulez viendront à vous rapidement. Ensuite, vous découvrirez progressivement la vie que vous attendez. Ne vous découragez pas parce que vous ne voyez pas comment de si beaux événements peuvent se réaliser. Pensez-vous que cette histoire d'envie est un rêve ? Vous avez raison ! On peut l'appeler rêve, mais je vous garantis que les rêves peuvent se réaliser ! Vous devez voir les choses que vous désirez avec les yeux de l'envie et comprendre que, par le pouvoir du désir, de telles choses arrivent. Certaines personnes n'arrivent pas à obtenir ce qu'elles veulent rapidement et se découragent. Ces personnes ne sont pas persévérantes et ne sont pas assez motivées.

Cultivez l'art de méditation pour garder l'envie ! Si vous écoutez la voix de votre subconscient, faites-le avec votre cœur, que vous désiriez la santé ou la richesse. Rentrez en vous. Moi-même, je méditais à la maison ou au travail. Je cherche toujours la tranquillité avant une performance. Il est absolument essentiel de cultiver l'art de la tranquillité physique et mentale. Alors, vous ne serez pas mis en échec par quoi que ce soit. Comment font ceux qui marchent sur le feu ? Tout est dans le mental et la méditation, je vous le dis avec certitude !

Il existe certaines choses que l'on peut obtenir et d'autres que l'on ne peut pas. À l'âge de 27 ans, comme tous les passionnés de la vente, je pensais, malgré ma jeunesse, que j'étais bien positionné pour l'avenir. Hélas, j'étais tout simplement assis sur un strapontin. Locataire d'une superbe maison avec d'importantes dépendances, j'avais pour propriétaire un vieux monsieur, docteur vétérinaire. Cette maison était en réalité sa clinique. Je lui ai posé une question que je n'aurais pas dû poser :

« Docteur, que se passera-t-il lorsque vous vendrez la maison avec ses dépendances que j'occupe ? Je suis intéressé par l'achat. »

Il m'a rétorqué :

« Tu n'as pas assez d'argent, petit ! »

Peut-être avais-je trop d'envie, trop d'appétit, voire trop de gourmandise ? Bref, revenons à notre passion : la vente. Soyez tout ouïe. Votre envie peut faire éclore vos rêves. Vous avez en vous le pouvoir de façonner votre monde et votre environnement selon vos désirs. Vous pouvez obtenir tout ce que vous croyez possible ou ce que vous allez créer par la force de l'envie qui vous habite. Vous pouvez surmonter tous les obstacles. Si certains vous empêchent d'atteindre votre but, c'est que vous n'utilisez pas le pouvoir magique de votre envie. Cette dernière peut vous conduire très loin et vous permettre d'accomplir des choses a priori impossibles. Au fait, la maison du vétérinaire, d'une superficie de 500 mètres carrés avec ses locaux, j'en suis le propriétaire depuis des décennies. (C'est ça, l'envie !)

L'amour aussi peut faire éclore la magie. Rappelons-nous ces mots de Victor Hugo à son fils Georges, peu avant de le quitter :

« Mon fils, l'amour cherche l'amour, l'amour rend les hommes meilleurs. Tu dois aimer toujours, aimer et ce, durant toute ta vie. »

Plus vous développez cette disposition en vous-même, plus vous réalisez vos ambitions. À cet instant, vous aurez un pouvoir merveilleux ; les miracles ne quitteront pas votre vie pour le moment, mais bientôt, si vous suivez à la lettre ce que je dis, vous serez en mesure de réaliser vos rêves les plus fous. Plus vous êtes bon et pur, plus vous développerez votre capacité à accomplir des miracles. Il vous faut rester en position de thaumaturge.

En effet, la plupart des êtres humains ont soif d'amour et croient profondément en ce sentiment. Le côté magique et merveilleux de l'amour explique la foi que les gens lui accordent. Pourtant, d'un point de vue scientifique, la magie de l'amour pourrait être beaucoup plus terre à terre qu'on ne le pense.

L'amour permet d'accepter l'engagement. Si un grand nombre de personnes croient en l'amour et en son côté magique, d'autres restent sceptiques et affirment qu'il ne s'agit que d'une simple réaction hormonale. Mais dans un cas comme dans l'autre, personne n'a totalement tort ni totalement raison. En effet, l'amour et le romantisme peuvent vraiment être perçus comme de la magie, et selon la science, cela a un lien avec l'évolution. Une analyse réalisée par des chercheurs de l'université de Californie révèle que la magie de l'amour est un moyen utilisé par l'être humain pour assurer sa survie. De même, la magie de la vente est un outil à utiliser pour garantir votre survie.

Savez-vous que l'amour fait vendre ? En effet, tous les bons vendeurs le savent : pour vendre, il faut aimer essentiellement trois choses : son métier, ses produits et ses clients. Que ce soit en amour ou en affaires, le principe reste le même : il faut proposer un événement. Il faut d'abord séduire avant de conclure. La fidélité représente la valeur à vie d'une personne ; en affaires, c'est la valeur à vie d'un client. Vous avez compris, l'amour et la vente présentent de nombreuses similitudes. Ne vous inquiétez pas si les compétences de vendeur semblent innées. En amour, pour créer une relation de confiance, on envoie chaque jour des petits mots doux (SMS). L'amour, c'est comme le business : on varie les plateformes pour montrer sa présence chaque jour à l'homme ou à la femme. À retenir : rien n'est figé, la flexibilité doit être au rendez-vous. En immobilier, c'est comme en amour : lorsque le cœur s'emballe, tout est permis. Pour vendre vite et bien, il faut conquérir le cœur de votre interlocuteur.

L'amour fait vendre, à vous de créer le coup de foudre !

La vente et la vie amoureuse se ressemblent pour leur caractère surprenant, inattendu. Il est important de ne pas prendre à cœur les refus, que l'on pourrait qualifier de « râteaux ». Ces refus surviendront même lorsque vous aurez de l'expérience et que vous serez un vendeur d'élite.

Pour réussir dans le domaine de la vente, il faut adopter une approche gagnante. En comparant vos propres atouts à ceux de vos concurrents et en ne jouant que lorsque vous disposez d'un avantage, en cultivant les qualités que je viens d'énoncer, vous aurez toutes les chances de gagner la partie !

VI. UNE TYPOLOGIE DES CLIENTS

Passons maintenant au concret. Je vais vous parler de mes interlocuteurs et aborder la question essentielle des profils des clients, en fonction notamment de leur profession et de leurs positions et prétentions sociales.

L'homme est un être vivant qui se distingue par sa capacité à vivre en groupe, mais aussi par sa capacité à réfléchir et à communiquer à travers un langage articulé et significatif. L'étude des groupes dans toutes les activités mentionnées en première page est essentielle, car elle permet de mieux comprendre la mentalité individuelle de chaque personne, y compris en relation à son groupe d'appartenance.

Le type « *primaire* » et l'intellectuel

J'associe le type « primaire » à l'ignorant, au sens négatif du terme : cclui qui ne cherche pas à sortir de son ignorance, qu'on pourrait appeler « l'ignorant volontaire » ou « l'ignorant content de lui ». Je peux parler de l'ignorance, car j'étais ignare jusqu'à l'âge de 19 ans, sans culture ni instruction, totalement dépourvu de connaissances… Laissez-moi dire deux mots sur l'école… L'école ne nous aide pas à développer notre savoir. On m'a souvent dit quand j'étais jeune que les études étaient très importantes. Pensez-vous sincèrement que c'est l'école qui m'a permis d'atteindre mes rêves ? Il est évident que non, et vous en conviendrez après avoir pris connaissance de mon parcours plus loin.

Reprenons : ce personnage, avec un horizon intellectuel limité, juge sans analyser, de manière simpliste, en raison de son manque d'appréciation et de réflexes. Il sait lire son journal, il sait écrire mais il écrit peu et il souffre et tremble à chaque fois qu'il doit aligner deux mots ! Il ne croit pas un instant à l'étude, et il ne sait pas enregistrer ce qu'il n'a pas appris, il méconnaît même la valeur des échanges.

La tête est la partie dont il ne pense pas qu'il peut se servir. Le type « primaire » ne se fatigue pas à raisonner. Il se méfie donc particulièrement des hommes en cravate qui emploient de belles phrases et parlent trop, cherchant à prouver qu'ils détiennent la vérité. Pour lui, la réalité se limite à ce qu'il perçoit : il se cantonne aux choses visibles, à ce qui peut être touché du bout des doigts, et reste bloqué dans une vision limitée et limitante. Il se renferme sur lui-même et ne cherche pas une issue. Ce handicap est souvent dû à l'environnement rudimentaire dans lequel il est né. C'est pourquoi, comme c'est souvent le cas, il hérite des croyances de ses parents et suit un chemin pénible et caillouteux, sans chercher un passage meilleur qui lui permettrait d'agir avec ouverture et moins de souffrance. Il n'envisage même pas qu'il puisse exister des façons de sortir de ces habitudes néfastes.

La personne « primaire » ne réfléchit pas à la possibilité de faire mieux. Pourquoi le ferait-elle ? Elle n'innove pas et fait comme ceux de son entourage. Elle est moutonnière, suit sa route et la foule qui l'entoure, incapable de sentir, de penser ou de percevoir la réalité, tout comme la relativité des idées. Elle n'attache aucun crédit à des idées qui pourraient effleurer son esprit. En réalité, elle sait peu de choses, s'est arrêtée d'apprendre et n'éprouve ni besoin, ni désir, ni curiosité d'améliorer son maigre bagage de connaissances. Sa lecture se limite au journal, qu'elle consulte de temps à autre, sans vraiment comprendre, et à un seul journal. Pour elle, c'est le meilleur journal, et elle croit en son contenu, quoi qu'il en soit. Elle refuse d'accepter d'autres journaux, d'autres points de vue ou toute autre source d'information. La personne dont la formation d'esprit est rudimentaire ne songe pas à la compléter, mais elle ressent inconsciemment son infériorité. De ce fait, elle est excessivement méfiante et éprouve une crainte instinctive des beaux parleurs, redoutant de se faire rouler.

Il est donc inutile de discuter avec elle pour essayer de la faire changer d'idée ; c'est peine perdue. On ne change pas la façon dont fonctionne une personne de type primaire, ce qui ne veut pas dire qu'on ne peut pas faire affaire avec elle ! Il est très important de parler lentement et aussi simplement que possible. Il ne faut pas débiter des idées sous forme abstraite, mais utiliser des mots simples, concrets et imagés.

La personne « primaire » est classique et conventionnelle, et il ne faut pas essayer de la faire sortir de ses habitudes, qu'elle croit justifiées et qui lui permettent de vivre. M'avez-vous bien compris ? Cette personne ne doit pas être heurtée dans ses idées instinctives. Pour vendre, il faut se placer à son niveau et rester constamment simple, clair et affirmatif. Au-delà des arguments verbaux, il faut lui fournir des preuves écrites. Il ne faut pas se perdre en palabres, lui opposer des objections, mais plutôt reformuler ce que dit cette personne et la convaincre en utilisant ses propres termes.

Retenons que le primaire n'aime guère philosopher. La valeur relative des idées, la logique et l'analyse l'effraient. Attention, il a sa propre logique, qu'il faut saisir ! Souvent, il ne décide pas sur le champ, il est méfiant, plutôt indécis, alors on doit décider pour lui en se mettant à sa hauteur.

Je peux affirmer que je connais parfaitement bien ce profil. Fils d'immigrés, je suis né dans un quartier peuplé uniquement d'Espagnols, de Portugais et d'Italiens, à une époque où, dans les années 1940, nous étions entassés, rassemblés en grand nombre dans un quartier mal famé aux yeux des habitants de la ville. J'ai rencontré une personne qui est devenue mon épouse, issue d'une famille d'enseignants, et j'ai été pris en main pour poursuivre des études et sortir de mon carcan limitant... En fait, je suis né à 19 ans.

Ce que j'écris sur les personnes « primaires » est fait de manière volontaire et consciente, bien que cela puisse sembler très caricatural. Je les connais bien ! Il est certain que ces hommes et femmes présentent souvent une valeur humaine bien supérieure à celle de certains qui se trouvent au sommet de la hiérarchie sociale. En effet, il est bon de rappeler qu'il y a des siècles, les primaires proliféraient tout autant qu'aujourd'hui, et l'histoire nous rapporte que Diogène ne parvenait pas à découvrir un « homme » au sens plein du terme, malgré les lumières de sa lanterne.

Chez ces personnes, la connaissance, absente, est souvent remplacée par le préjugé ou la croyance erronée.

Il est essentiel de ne pas heurter la méfiance instinctive du « primaire ». D'énormes ventes ont échoué à cause de vendeurs qui n'ont pas su établir un véritable face-à-face avec les interlocuteurs de ce type.

Il est important d'insister sur ce profil. À partir de mon expérience en morphopsychologie et en physiognomonie, je souhaite donner un exemple clair. J'ai observé chez certains primaires des rides d'amertume, notamment des plis qui partent de la commissure des lèvres et descendent verticalement vers le menton, que l'on appelle les rides de la marionnette. Ils révèlent par ailleurs une certaine souffrance intérieure.

À l'autre bout du spectre, on dinstigue l'intellectuel, généralement perçu comme une personne ayant une forte instruction, une grande capacité de mémoire, une capacité à mobiliser ses connaissances pour développer des raisonnements fins, et une aptitude à s'adapter rapidement à des situations imprévues. Attention, un grand instruit est-il forcément un intellectuel ? Non ! Cela pourrait même être le contraire. Les personnes qui prétendent tout savoir sont souvent bloquées sur d'autres sujets. Il existe ainsi des intellectuels instruits et des personnes d'intelligence médioce mais instruites.

Torrence Tuo est considéré comme l'homme le plus intelligent du monde, avec un quotient intellectuel de 230. À titre de comparaison, le QI moyen d'un individu se situe autour de 100, tandis que celui d'Albert Einstein a été estimé à seulement 160. Par ailleurs, bien qu'Albert Einstein ait eu un cerveau plus petit que la moyenne, il présentait une organisation plus complexe, notamment dans les zones liées au raisonnement, aux capacités mathématiques et à la vision dans l'espace. Il est important de noter que ce qui compte le plus n'est pas la taille du cerveau ni le nombre de neurones, mais plutôt la densité des connexions entre ces neurones. Sachez également que la structure de notre cerveau n'est pas figée et peut évoluer en fonction de nos expériences et de nos activités.

L'intellectuel travaille sans relâche sa mémoire de travail, ce qui stimule son cerveau.

Le terme « intellectuel » est dérivé du latin *intelligentia*, qui signifie percevoir, comprendre, savoir, saisir, etc. L'intellectuel réagit avec son intelligence et doit s'attendre à des objections, qu'il accepte lorsqu'elles sont objectives. En ce sens, l'intellectuel se positionne en opposition au « primaire ».

Un vrai intellectuel utilise son instinct, car il sent, voit et perçoit avec sa sensibilité. Il est en harmonie avec tout ce qui est cohérent, homogène et en lien avec la connaissance et le savoir. Il prend en compte les conséquences qui peuvent découler de ses actions. Doté d'une énorme capacité d'échange, son élocution est souvent remarquable.

Certains métiers nécessitent une véritable gymnastique intellectuelle. Les hommes d'affaires ont plus d'un point commun avec les intellectuels, tout s'ils ont suivi de longues études pour acquérir des connaissances dans diverses matières. Mais attention, parmi les diplômés il existe de faux intellectuels, qui ont retenu des informations sans vraiment les assimiler et qui ne sont pas capables de mettre en pratique leurs connaissances. Derrière un mince vernis d'intellectualité, certains se révèlent être des imposteurs. Ceux-là, on les repère vite à leurs arguments simplistes.

L'intellectuel, le vrai, est un homme averti. Avec lui, de la discussion jaillit la lumière ! Mérite le nom d'intellectuel tout homme qui aime penser et réfléchir, qui se montre désireux de comprendre le monde qui l'entoure et qui s'applique à l'étude personnelle. En effet, la lecture et le travail élargissent le champ de ses connaissances.

On retrouve l'intellectuel dans tous les secteurs d'activité. Il ne se distingue pas par ses costumes ou ses cravates, pas plus que par des chaussures de marque à 850 euros.

Il est essentiel de faire sentir à l'intellectuel que l'on reconnaît sa valeur. Il faut argumenter avec lui au nom de l'intelligence pure. Les objections automatiques de l'intellectuel doivent être renversées par un changement de point de vue. Pour convaincre un intellectuel, il est important de se méfier des discussions stériles et d'insister toujours sur le caractère d'une véritable nouveauté. Face à un intellectuel, il faut prouver pour être compris, en présentant le problème sous toutes ses facettes. L'intellectuel a de l'esprit, il aime se poser des questions, il ne cédera que lorsque sa pensée aura admis la vanité de ses objections !

P.S. : Rien ne sert d'être instruit et intelligent si l'on ne sait pas se servir de son savoir et de ses capacités intellectuelles !

Le bourgeois

Il existe trois types de bourgeois : le bourgeois à petits revenus, qui reste timidement dans son coin ; le bourgeois moyen, qui se bat pour maintenir ses acquis ; et le bourgeois aisé, qui bénéficie d'une richesse transmise de génération en génération. Certains exercent plus ou moins d'influence politique. Certains envient leurs congénères plus cossus et mieux lotis qu'eux ; ils méprisent en revanche les travers et manières de leurs pairs, qu'ils considèrent comme appartenant à une autre époque. 80 % de la fortune des bourgeois est héritée, transmise de génération en génération depuis des siècles. On trouve parmi eux beaucoup de notables et professions libérales et on note certaines réussites particulièrement spectaculaires, comme celle des Rothschild, pour qui l'argent est le critère clé.

Je poursuis, mais veuillez me pardonner : les codes de la bourgeoisie sont considérés comme obsolètes, voire ringards, depuis au moins un siècle. C'est pourquoi je me permets d'être un tant soit peu critique ! L'esprit bourgeois est à la fois conservateur et rétrograde. Le bourgeois ne juge pas à la légère, mais selon les prescriptions du code bourgeois. Certaines idées ont fait leur temps. Par exemple, aujourd'hui, les jeunes filles qui sympathisent avec les jeunes gens de manière trop intense perturbent certaines personnes âgées qui n'ont pas su suivre les évolutions de la société. À leurs yeux, ces jeunes filles doivent être surveillées à l'ancienne. Cependant, ces vieux bourgeois ont leurs faiblesses et sont souvent des puritains de façade. J'en ai beaucoup vu à Lourdes ! Ils assistent à la messe debout, fortement appuyés sur leurs cannes, chantant faux mais fort. J'ai eu l'occasion d'analyser leur comportement à la chapelle de la grotte de Lourdes.

Les bourgeois prônent l'économie et l'imposent autour d'eux, et ils sont souvent égoïstes. Mais ils savent aussi imposer à leurs portefeuilles une saignée furieuse, dès qu'une envie vient chatouiller leur gourmandise, leur goût du plaisir ou leur désir d'épater la galerie. Le bourgeois est plutôt avare et souffre souvent des conséquences de son héritage.

Le type « snob »

Le snob est une proie facile que je sais identifier en un éclair. Il se révèle être un individu peu avisé, voire d'une espèce particulière, dont les réactions ressemblent davantage à celles d'un jeune enfant qu'à celles d'un homme mûr. C'est quelqu'un qui cherche à se faire remarquer et qui aspire à appartenir à une classe supérieure, tout en affichant des opinions qu'il ne possède pas réellement.

En tant que grand enfant, le snob réagit comme tel. Son intelligence est rarement transcendante, et il cache ses insuffisances intellectuelles derrière un masque de façade. Il agit avec un soin scrupuleux et tapageur, se concentrant sur des détails superficiels. Inconscient de ses véritables infériorités, le snob est toujours très imbu de lui-même et convaincu de son intelligence. Il se figure à l'avant-garde du progrès, et sa raison d'agir consiste à imposer sa fausse valeur par des moyens souvent originaux, peu importe les efforts que cela exige.

Il consacre la plupart de ses efforts à essayer d'impressionner les autres, espérant ainsi passer pour une personne distinguée, tout en méprisant ceux qui n'ont pas son approbation. Chaque snob a son propre snobisme : certains ne parlent que de chiens ou de chevaux, tandis que d'autres se cantonnent dans le domaine des arts ou d'une manie aussi rare que coûteuse. Le snob est toujours en quête de flatterie et méprise tout ce qui ne provient pas de son milieu. Il aspire à être perçu comme une personne présentant des traits de valeur humaine supérieure, revendiquant souvent à tort ces traits pour lui-même, cherchant à se distinguer par son snobisme. L'originalité de son personnage est ce qui lui importe le plus.

Le snob est sensible aux références, mais, à l'inverse du sens commun, ses références ne doivent jamais être celles du nombre, mais plutôt de la rareté, agrémentées d'un bon ton. S'il utilise un langage coloré ou des vocables étrangers, c'est pour manifester cette même tendance. Le terme « snob » a été utilisé pour la première fois à la fin du XVIIIe siècle pour désigner un cordonnier. De plus, les étudiants de Cambridge l'ont appliqué à tous les membres de l'université. En fait, le terme « snob » en est venu à désigner une personne sans éducation qui se présente de trois manières, en exagérant certains traits, en désignant ceux qui sont dépourvus, tout en revendiquant ces traits.

Les snobs et les bourgeois, chacun dans leur état d'esprit, sont des spécimens fiers et égoïstes. Pour leur être agréable, si cela s'avère nécessaire, il suffit de s'adapter à leurs manies et de leur laisser croire que nous les prenons pour ce qu'ils souhaitent être. Il s'agit de les flatter !

L'homme d'affaires

Je vais développer mes arguments concernant l'homme d'affaires, car nous sommes en plein dans mon domaine. Pour ce faire, je vais me mettre en situation face à lui. En effet, je suis avant tout un vendeur qui a évolué dans le monde des affaires. Il est important de préciser que l'homme d'affaires ne se contente pas de se promener en costume et cravate. Son objectif principal est de remplir la caisse, ou plus précisément, de multiplier son chiffre d'affaires chaque jour un peu plus. Son but est de réaliser des affaires claires et d'en obtenir toujours davantage. Son esprit est tourné vers les moyens d'accroître ses gains, et cela représente un combat quotidien. Quand son interlocuteur est un autre homme d'affaires, cela engendre un affrontement assez pesant. Son souci principal est de faire fléchir son interlocuteur pour s'emparer d'une partie de son argent, augmentant ainsi ses capitaux ou son crédit, et se disant qu'il a remporté un combat de plus pour sa journée.

L'homme d'affaires sait que le temps est de l'argent. Il n'aime pas le perdre et cherche toujours à l'utiliser au maximum. Il est conscient que l'argent permet de gagner davantage, et il est donc destiné à être investi dans divers placements. Il sait qu'il doit soigner son crédit en laissant paraître qu'il a de l'argent, et même beaucoup.

L'homme d'affaires est donc déterminé à acheter, mais il ne souhaite acquérir que ce qui justifie vraiment le prix et qui lui sera utile pour ses opérations futures. Il vit chaque jour dans le monde des affaires et est également un vendeur. Son activité consiste à convaincre tout interlocuteur, tout en évitant de se laisser influencer par des arguments tapageurs. Il est prudent et avisé.

L'homme d'affaires existe à tous les échelons de la société, et les différences de niveaux ne créent qu'un portefeuille de volumes d'affaires variés. Il n'apprécie pas de recevoir des représentants, car la plupart d'entre eux parlent trop, cherchent à le devancer et perdent sa confiance, le troublant dans ses décisions. Ces représentants veulent à tout prix le convaincre, alors que l'homme d'affaires souhaite prendre ses décisions seul. Ainsi, l'affaire se réalisera ou non, mais seul l'homme d'affaires en décidera en conscience, en fonction de ses intérêts.

Il est évident que la loi de l'homme d'affaires peut être résumée par la formule américaine : « Business is Business ».

En face de l'homme d'affaires, il y a une tactique de vente à adopter. Face à lui, je dois être particulièrement bref, clair et incisif, car il n'a pas de temps à perdre. L'objectif est d'obtenir toutes les données nécessaires concernant la proposition que je m'apprête à lui faire. Je n'adopterai aucune circonvolution ni détour inutile ; je vais droit au but.

Je m'assure de bien lui faire comprendre que je ne lui propose pas simplement d'acquérir un produit, mais de réaliser une affaire. J'insiste toujours sur les avantages du gain, la valeur de l'investissement, la rentabilité et la qualité des services que ce que je présente peut lui offrir. Pour lui, l'intérêt de cette transaction se concentre généralement sur des chiffres mathématiques auxquels il est habitué.

L'homme d'affaires est en apparence loin de l'intellectuel en ce qu'il n'a pas de temps à sacrifier aux jeux de l'esprit. Cependant, si le sujet le passionne suffisamment et qu'il a exceptionnellement du temps libre, il peut devenir fin connaisseur. Il est souvent très ouvert aux nouveautés et aux inventions de l'esprit, car, dans le fond, tout homme d'affaires est un intellectuel.

Gardez à l'esprit qu'avec l'homme d'affaires, il est essentiel d'argumenter au nom de l'intérêt, en présentant des affirmations prouvant mathématiquement les bénéfices liés à l'achat.

Comment devenir un homme d'affaires ? Pour terminer ce chapitre, j'aimerais aborder les étapes nécessaires pour devenir un homme d'affaires. Il est primordial de déterminer votre passion et vos objectifs, puis d'effectuer des recherches sur le secteur dans lequel vous souhaitez évoluer. Devenir un homme d'affaires prospère n'est pas le fruit du hasard ; il est essentiel de se doter des stratégies modernes de vente et d'identifier vos buyer personas. En d'autres termes, il s'agit de se fixer un but.

Pour réussir, il n'est pas nécessaire d'être un Aristide Boucicaut. Il s'agit plutôt de vivre pleinement votre passion, car lancer une affaire demande beaucoup de temps et d'engagement. Si vous choisissez un domaine qui ne vous plaît pas, il sera difficile de supporter les heures consacrées à votre projet. Il est donc préférable de privilégier un secteur dans lequel vous prendrez plaisir à vous investir pendant de nombreuses heures (et il vaut mieux ne pas essayer de calculer le temps passé, cela pourrait vous décourager !).

Il est crucial de prendre du plaisir à réaliser des activités qui vous apportent satisfaction. Vous obtiendrez la plus grande satisfaction dans les affaires lorsque vous vous y investirez à 100 %.

Cependant, restez conscient que votre travail n'est jamais vraiment terminé. Avec l'évolution constante du monde des affaires, il est préférable de rester vigilant et en alerte. Lancez votre produit sur le marché dès que vous êtes convaincu de la valeur ajoutée qu'il peut apporter.

Le militaire

Ayant fait l'armée, comme la majorité des hommes de ma génération, je ne peux m'empêcher de faire une analogie entre les soldats et les bœufs de labour, qui, attachés par deux au joug, ont tendance à pencher du côté droit, même lorsqu'ils avancent seuls. J'ai vécu dans un environnement rural durant ma jeunesse, et je n'ai jamais vu ces animaux pencher à gauche. Les hommes, tout comme les bêtes, sont influencés par leurs habitudes, qui modifient leurs manières d'agir, de réagir et même de juger. L'exercice militaire impose à chacun de s'adapter, d'oublier son milieu d'origine et la vie civile. Cette attitude découle de la nature même du métier.

L'officier prépare les manœuvres militaires, définit les besoins en forces armées et en matériel, et répartit les rôles au sein des unités de combat. Les officiers servent généralement alternativement en unités de combat et en état-major. Le chef militaire, qu'il soit homme ou femme, exerce des responsabilités et est un cadre à la tête des soldats, alliant action, réflexion et prise de décision. Le militaire doit faire preuve d'une bonne résistance physique, mentale et morale. Les compétences s'acquièrent dans les centres de formation ou directement sur le terrain, et elles sont spécifiques à chaque corps de l'armée.

Le militaire est poli et fait preuve de bonnes manières, tant envers ses supérieurs que ses pairs et subordonnés, en se comportant de manière appropriée à sa position. L'officier commande par métier. Par son métier, l'officier a droit au respect de ses subalternes. Ce respect n'est pas un respect ordinaire, mais un respect formel, « dans des signes extérieurs de respect

», selon la formule du régiment, se traduisant par des salutations militaires et des claquements de talons. Les valeurs morales ont une grande importance pour l'officier, qui est particulièrement sensible aux questions d'honneur. Beaucoup d'officiers vivent de leur solde et sont prêts à sacrifier le nécessaire pour préserver le prestige de leurs épaulettes. L'ancien officier garde la nostalgie des prérogatives de son statut.

Le grade de l'officier est un titre auquel il a droit, qu'on utilise pour s'adresser à lui. Nous ne disons pas « Monsieur », mais « Mon capitaine » ou « Mon colonel ». L'esprit de camaraderie étant très présent dans l'armée, il est d'usage pour l'officier de faire résonner ses éperons, s'il en porte. S'il est gradé, il est important de le rappeler dans la conversation. S'il n'a pas de grade, il convient de souligner les relations ou amitiés que l'on peut revendiquer dans les milieux d'officiers.

Dans les interactions avec l'officier, qu'elles soient d'affaires ou autres, la loyauté doit toujours être mise en avant. Le terme même de loyauté doit être prononcé dans la conversation, en faisant comprendre qu'en tant qu'interlocuteur, j'ai l'honneur de ma position. Pour vendre, je n'accepterais pas de compromettre sa réputation par un accord fondé sur des mensonges. L'argumentation doit être dépouillée de toute finasserie et se présenter avec clarté. Chaque fois que la notion de prestige peut être exploitée, elle doit l'être avec tact.

Dans la vie civile, l'officier conserve des valeurs que nous apprécions tous : le patriotisme, le sens de l'honneur et de la justice, la démocratie, le respect de l'État, le courage, l'ordre et la discipline, l'esprit de sacrifice, les valeurs religieuses, le respect des libertés individuelles et des droits de l'homme, ainsi que l'idéal européen. Pour établir une relation avec l'officier, il est essentiel de lui prouver que nous lui proposons ce dont il a réellement besoin, et non ce que nous souhaiterions lui vendre. Il faut tenir compte des déformations résultant de ses habitudes, de son métier et de son milieu. Pour réussir à vendre à un officier, il faut jouer le jeu du soldat, s'affirmer comme loyal et respectueux, et mener l'argumentation avec rondeur, clarté et assurance. Il convient aussi d'adopter avec eux une politesse militaire stricte. Dans le cadre de mes activités, j'ai eu l'occasion de travailler avec, à la fin de leur service, un officier, un sous-officier, un gendarme et un major de la police.

L'avocat

L'avocat est un orateur professionnel. À l'instar d'un intellectuel, il a tendance à s'écouter parler, développant son argumentation sans trop se soucier de son interlocuteur. Il défend son client, même si celui-ci est en tort, et il s'efforce de trouver des raisons pour faire croire qu'il ne l'est pas. L'avocat parle toujours abondamment. Souvent, c'est un chicaneur.

On appelle l'avocat « cher Maître » dans l'exercice de son métier. C'est donc par ces mots que je dois m'adresser à lui. Lors de notre entretien, il est important de le laisser s'exprimer, sous peine de le froisser. Il ne suffit pas de le laisser parler ; il faut également l'écouter avec la plus grande attention. Quand un homme parle trop, il y a toujours moyen de retourner contre lui certaines parties de son discours. Je prends note de toute la conversation de mon interlocuteur et je reprends son argumentation en disant : « Maître, comme vous venez de le dire si bien... » Je me donne alors le droit de contredire et d'affirmer, déployant mes arguments avec une force accrue. S'il persiste dans ses propos, je ne le suis pas sur ce terrain. Au lieu d'entretenir une discussion par des réfutations sans fin, je coupe court en prétextant que son temps est précieux et que je ne souhaite pas en abuser. Il reviendra alors à mon argumentation positive, car je sais qu'il parle pour le plaisir de s'exprimer. En fin de compte, il trouvera lui-même les raisons d'acheter, car, étant un homme pragmatique, il se concentrera sur l'aspect matériel. En effet, l'avocat est souvent un homme d'affaires, et ce sont les arguments d'homme d'affaires qui lui parlent le mieux.

Il est préférable de ne pas dire à l'avocat, avec autorité, « signez ci-dessous », mais plutôt de lui tendre systématiquement le bon de commande et un stylo, afin qu'il puisse apposer sa signature.

Le notaire

Le notaire est le représentant du pouvoir de l'État, nommé par le garde des Sceaux. En France, il existe environ 15 000 notaires, qui sont des officiers publics. Chaque document, acte ou contrat signé et conservé par un notaire confère une authenticité juridique au regard de la loi.

Le notaire intervient dans plusieurs domaines, tels que le droit immobilier, le droit des entreprises, le droit rural, entre autres, conformément au Code civil. Il a le pouvoir de rendre ses connaissances juridiques accessibles et peut également gérer les affaires de ses clients, notamment en ce qui concerne le patrimoine familial, l'immobilier et le mobilier. De plus, il peut jouer un rôle de conseiller en placement financier pour faire fructifier un patrimoine.

Je détaille la profession, que j'ai bien connue dans le cadre de mon activité dans l'immobilier. Le notaire est particulièrement prisé dans le domaine juridique, car il est le seul professionnel habilité à authentifier les ventes immobilières, les successions et les donations. Pour devenir notaire, il est nécessaire d'obtenir un Master 2 en droit notarial, ainsi que le Diplôme d'Aptitude aux Fonctions de Notaire (DAFN). Le Diplôme Supérieur de Notariat (DSN) est obtenu à l'issue d'un parcours universitaire qui inclut un master en droit notarial, une période d'apprentissage professionnel de 24 mois et quatre semestres de formation. L'étudiant acquiert alors le statut de notaire stagiaire au sein d'un office notarial. Si vous n'êtes pas satisfait de votre notaire pour diverses raisons, vous avez la possibilité de saisir le conseil régional de la chambre interdépartementale des notaires, ou encore de porter votre réclamation devant la juridiction des notaires ou la justice civile et pénale. Il est également important de noter que la responsabilité du notaire couvre plusieurs aspects vis-à-vis de ses clients. Le notaire est responsable des dommages consécutifs à toute faute qu'il aurait commise dans l'exercice de ses fonctions. De plus, il a une responsabilité sociétale, il garantit le respect de votre vie privée et met en place les mesures nécessaires pour protéger comme il se doit vos données personnelles.

Dans la vie courante, les notaires sont des consommateurs informés, sensibles à la qualité et pragmatiques, recherchant des produits durables et fiables. Pour les achats importants, ils effectuent une analyse approfondie des caractéristiques et des coûts totaux du produit, privilégiant la sécurité et la durabilité, tout en se montrant fins négociateurs. Dans le cadre d'un achat immobilier, leur expertise en matière de contrats leur permet d'analyser les documents avec soin, d'évaluer les risques associés à la transaction et de rester attentifs aux tendances du marché. Ils se distinguent par leur approche analytique, leur connaissance des aspects juridiques et financiers, ainsi que leur souci de la qualité et de la rentabilité dans leurs décisions d'achat.

L'ingénieur

L'ingénieur est une véritable machine à calculer, capable de peser le pour et le contre tout
en n'attribuant qu'une valeur relative à chaque
chose. C'est un intellectuel qui allie compétences techniques et sens des affaires, visant à
optimiser ses projets. Sa mission principale est
de résoudre des problèmes concrets de nature
technologique, liés à des enjeux divers. Au-delà
de ses aptitudes scientifiques, l'ingénieur possède également des compétences en finance, en
achats, en logistique, en management, en droit
et en relations sociales. Sa formation lui a appris à condenser ses connaissances en formules
et à analyser les phénomènes sous un angle
technique. En général, l'ingénieur travaille au
sein d'une entreprise dans le secteur technique,
et les questions financières le concernent peu.
Face à un ingénieur, je dois garder à l'esprit que
la question du prix n'est pas sa priorité, qu'il
achète pour lui ou pour sa société. L'ingénieur
saura toujours convaincre son patron d'acheter, car ce dernier, souvent peu familiarisé avec
les questions techniques, se fiera à l'avis de son
ingénieur. Pour persuader l'ingénieur, il est
essentiel de parler son langage, d'analyser les
mécanismes du produit, et de le prendre à té-

moin en établissant des comparaisons avec des produits concurrents. Les avantages de l'offre doivent être quantifiés et, chaque fois que possible, prouvés par des essais concrets.

Face à l'ingénieur, je dois être en mesure de démontrer techniquement la valeur du produit à vendre ainsi que les services réels qu'il peut rendre. L'ingénieur ne sera influencé que par ces arguments, en dehors de toute considération émotionnelle.

Le médecin

Le médecin est souvent « choyé » par les laboratoires pharmaceutiques qui cherchent à élargir leur clientèle par son intermédiaire. La politique de vente est généralement définie par le fabricant. Dans un premier temps, le médecin est sollicité par un vendeur, appelé visiteur médical, qui sait que le temps du médecin est précieux et qu'il est très sollicité. Le médecin est un scientifique. Le visiteur médical doit être en mesure de lui fournir une synthèse claire des dernières découvertes et des informations utiles à l'exercice de sa profession. L'argumentation sur ses produits sera scientifique, mais formulée en phrases « choc », soigneusement élaborées pour se démarquer du « bla-bla-bla » courant des autres visiteurs médicaux. Qu'en est-il de la vente à un médecin hors du cadre professionnel ? Le médecin, en particulier le spécialiste, veille à son image publique. À ce titre, dans toute transaction, qu'il s'agisse d'une voiture ou d'un pardessus, il est sensible aux arguments qui peuvent renforcer son prestige social et apprécie d'être appelé « Docteur ». Bien qu'il soit un intellectuel, le médecin est souvent plus réceptif, dans sa vie privée, à des arguments assez simples, qui lui permettent de s'éloigner des spéculations relatives et scientifiques de son métier.

Notons qu'il est difficile de faire du marketing direct auprès d'un médecin, compte tenu de son emploi du temps chargé.

L'agriculteur

L'agriculteur est habitué à planter, mais il ne peut récolter que si la pluie et le soleil le permettent. Il vit souvent seul dans la nature, réfléchissant calmement dans le silence et la solitude face aux problèmes qu'il doit résoudre. Cette habitude de réflexion lente lui a conféré un solide bon sens. Beaucoup d'agriculteurs parlent peu. Étant le fils d'un émigré et d'un manœuvre, j'ai rapidement compris que l'argent gagné par l'agriculteur lui a coûté beaucoup de peine, et il s'en souvient. J'ai réalisé que ce brave homme a une hantise des « mauvaises années » et, pour y faire face, il est traditionnellement économe. Mon approche auprès des gens de la terre est très simple : je garde à l'esprit ces vérités fondamentales, ce qui me permet d'établir un lien de sympathie. Ce client ne doit pas être effrayé par ma tenue ou mon vocabulaire ; j'utilise des mots simples pour éviter qu'il ne se méfie de ma présentation. J'ai d'ailleurs laissé ma serviette dans ma voiture, car elle est souvent associée, dans l'esprit de l'agriculteur, à des serviteurs de l'Etat, comme l'huissier. Il est donc prudent de l'éviter. Mon argumentation doit rester constamment explicite. Je glisse ma compassion au cours de notre conversation, ce qui renforce notre sympathie. De plus, il est important de respecter les habitudes locales. Je n'hésite pas à prendre un « coup » de vin, même si celui-ci est piqué, si cela s'avère nécessaire.

On peut se fier à la parole du paysan, qui n'aime pas s'engager par écrit.

P.S. : J'ai constaté chez l'agriculteur quelque chose qui ressemble au vestige d'une époque révolue, un fond de soumission au seigneur d'autrefois… Cette remarque n'engage que moi !

L'ouvrier

L'ouvrier représente la masse des salariés, qu'il travaille à l'usine, aux champs, dans l'artisanat, une petite entreprise ou le secteur public. Il peut être manœuvre, comme mon père, ou ouvrier spécialisé. Il constate chaque jour la diminution de son pouvoir d'achat et, avec effroi, l'importance de ses besoins, qui ne cessent d'augmenter avec les avancées de la technologie, rivalisant avec la modestie de son salaire. Souvent, il est hanté par le spectre du chômage et de la maladie. Pour lui, chaque dépense doit avant tout être utile, et même parfois, absolument nécessaire. Ainsi, l'argument du « prix » devient primordial, tout comme les facilités de paiement qui lui permettront d'étaler la dépense sur plusieurs mois de salaire. L'ouvrier consciencieux est un bon payeur et règle scrupuleusement ses échéances.

Dans la mesure de mes moyens, je prends en compte sa situation. Je m'adresse à qui de droit et lui demande s'il aurait l'amabilité de faire un geste sur le prix de vente, dans la mesure du raisonnable. De cette manière, l'ouvrier est sensible à ma démarche et à mes arguments, et son achat contribuera à augmenter son capital.

La majorité des ouvriers n'est pas intellectuelle mais matérialiste.

Les pères et mères de famille nombreuse

Face à leurs difficultés, leurs soucis et leurs tracas, les pères et mères de famille nombreuse se sentent solidaires de tous ceux qui vivent la même situation. Cette communion d'intérêts crée entre eux une véritable confrérie morale dédiée à la « défense de l'enfance ». Dans notre société, la vie quotidienne présente de nombreux défis pour les parents de famille nombreuse, qui doivent constamment faire face à des problèmes difficiles insolubles. Ils sont économes par nécessité, par instinct, et surtout soucieux de l'avenir de leurs enfants. En discutant avec un parent de famille nombreuse, il est important de se rappeler qu'il est toujours fier de ses enfants, même si ceux-ci lui causent beaucoup de tracas. Il est essentiel de trouver des occasions de parler d'eux, de montrer le respect qu'un tel parent mérite et de le féliciter pour son engagement.

Les arguments pour le convaincre sont nombreux : l'utilité et l'économie. On peut toujours évoquer les économies réalisées, que ce soit pour une boîte de conserve qui regroupe les rations de tous ou pour un vêtement « prévu avec de grands ourlets » pour s'adapter à la croissance de l'enfant. L'utilité se manifeste dans l'usage et la solidité des objets à vendre, qui pourront être transmis de l'un à l'autre des enfants.

Le parent de famille de nombreuse peut devenir un client fidèle, alors il faut agir avec grand respect et honnêteté. J'ai souvent accordé à ces clients des réductions de 5 à 10 %, par savoir-vivre et empathie pour sa situation.

Hommes et femmes

Dans certaines transactions, les femmes m'ont aidé à convaincre leurs époux indécis. Il est bien connu qu'il existe de nombreux sujets sur lesquels hommes et femmes ne s'accordent pas, et il est essentiel pour nous, vendeurs, de comprendre ces différences. La femme est plus à l'affût de la nouveauté, dans le but parfois de plaire, d'attirer l'attention ou d'affirmer sa personnalité. Dans la majorité des ménages, c'est la femme qui gère le budget et les problèmes familiaux. En réalité, elle est souvent celle qui décide des dépenses à engager. C'est donc avec la femme que je dois m'appuyer dans toutes les ventes familiales, en me fiant au dicton « Ce que femme veut, Dieu le veut ». J'ai remarqué que la femme se laisse plus influencer que l'homme par des arguments qui touchent à sa personnalité et à son originalité. Souvent, qu'elle soit intellectuelle ou pas, elle a besoin de voir et de toucher l'objet pour le désirer intensément. Cela s'applique à tout ce qui est à vendre. Elle a un rapport assez sensuel aux objets. Les grands magasins exploitent cette particularité, avec leurs multiples comptoirs, mettant à la portée des sens une panoplie de produits alléchants à vendre.

La jeunesse

Avide de progrès et de nouveauté, la jeunesse représente la masse des futurs acheteurs. Particulièrement réceptive à la publicité et aux idées originales, elle est prête à répondre avec dynamisme à ceux qui créent et s'efforcent de suivre les tendances. La réussite des fameux géants américains, l'attrait des supermarchés, le développement des campings et l'écoulement massif des portables et tablettes témoignent de l'intérêt des jeunes pour les produits innovants. Les jeunes sont des personnes averties. Les meilleurs arguments pour les séduire sont la nouveauté, l'originalité et il ne faut pas oublier que les jeunes sont friands de tout ce qui vient des États-Unis.

Petit interlude : Être jeune, c'est s'étonner et s'émerveiller. Les soucis, les doutes et les désespoirs sont des ennemis qui, lentement, font courber l'échine et vous font vieillir plus vite qu'il ne faudrait. Cultivez l'espérance, et vous pourrez mourir jeune à plus de 90 ans !

Pour vendre à cette belle jeunesse, il est essentiel de la considérer comme un groupe de futurs clients avertis. Nous devons nous adapter à cette clientèle, qui, souvent, ne dispose pas de beaucoup d'argent. Il est crucial de changer nos habitudes de vente pour répondre à ses besoins tout en respectant son budget.

L'enseignant

Je vais être bref... et tout de suite vous dire que ce n'est pas le métier que j'admire le plus et que mes souvenirs d'école ne sont pas très bons... Petit détour historique : en 1818, à l'académie de Strasbourg, l'une des meilleures de France, sur 1236 instituteurs, 352 furent ajournés. La lecture des rapports administratifs de l'époque révèle de nombreux témoignages sur la médiocrité professionnelle des instituteurs et institutrices, en particulier ceux exerçant dans les campagnes et dans certaines petites villes isolées. Évitons de généraliser ! Force est toutefois de constater que beaucoup choisissaient le métier d'enseignant comme un pis-aller face à l'adversité pour subvenir à leurs besoins et à ceux de leur famille. Ce métier devenait alors trop souvent la ressource de ceux qui n'avaient pas d'autres choix, entraînant inévitablement une incapacité souvent flagrante. Un peu plus d'un siècle plus tard, en 1945, à l'époque de ma scolarité, j'ai constaté quelques similitudes. Je vais partager ma petite histoire, qui, bien que différente de ce que j'ai exposé précédemment, illustre une situation parmi tant d'autres. Fils d'émigrés né en France, j'étais plutôt un mauvais élève, comme beaucoup d'émigrés de mon époque, relégués au fond de la classe. Je vais citer un exemple parmi tant d'autres : lors de mon entrée en classe le 1er octobre, un changement de classe impliquait un nouvel enseignant. Celui-ci, après avoir longuement examiné les fiches de ses nouveaux élèves, a brusquement levé la tête et m'a fixé pendant dix secondes. Pendant la récréation, je me suis faufilé par une fenêtre pour consulter les fiches laissées sur le bureau. J'y ai découvert mon nom et prénom, et j'ai compris que j'étais identifié comme le fils d'émigré à placer au fond de la classe. Je tiens à préciser que j'ai eu la chance d'être entouré par des enseignants qui sont devenus des figures importantes dans ma vie. J'ai épousé une personne dont toute la famille est impliquée dans l'enseignement : père, grand-mère, sœur, beau-frère, tante, etc. Je leur en suis reconnaissant, car ils m'ont aidé à reprendre des études sérieuses à l'âge de 19 ans. J'ai été pris en main par des personnes de qualité, entièrement à l'écoute, vigilantes, patientes et débordantes d'empathie. Ces pédagogues faisaient preuve d'un professionnalisme dont je n'avais pas bénéficié auparavant.

Les enseignants sont soucieux de la qualité et de l'efficacité des produits, et leur budget étant contraint, le rapport qualité-prix est important pour eux. Je ne vous cache pas que lors de mes contacts dans la vente avec les enseignants, je sortais mon bréviaire pour maintenir la situation en ma faveur… Les enseignants redoutent souvent les hommes d'affaires, qui les déstabilisent.

Le banquier

Le métier de banquier consiste à conseiller la clientèle et à gérer les transactions bancaires. Les banquiers sont les interlocuteurs privilégiés des clients pour leur proposer des produits bancaires adaptés à leurs besoins, que ce soit pour des particuliers, des professionnels ou des entreprises. Ils sont responsables de l'ouverture de comptes, de l'attribution de prêts et de conseils en placements et gestion patrimoniale. Les compétences requises pour un directeur de banque incluent : la capacité d'analyse, une excellente communication, un sens aigu des affaires, l'innovation, l'aptitude à travailler en équipe, la précision et la rigueur, ainsi que l'organisation et l'adaptabilité.

Quand votre client est un banquier, gardez à l'esprit que vous vous trouvez face à un client qui connaît la valeur de l'argent et qui vend lui-même des produits. Généralement, les banquiers sont des consommateurs avertis, qui ont souvent une bonne compréhension des produits financiers (mais pas seulement) et des tendances économiques ; ils sont susceptibles de faire des recherches approfondies avant d'effectuer un achat, que ce soit pour des biens de consommation ou des services. Attentifs aux prix et aux coûts associés aux produits qu'ils achètent, ils recherchent des offres qui offrent un bon rapport qualité-prix. Ils se tournent volontiers vers des marques réputées et des produits de qualité, et sont souvent prêts à investir dans des produits durables et fiables. Pragmatiques, ils recherchent des produits qui répondent à leurs besoins quotidiens de manière efficace, fonctionnelle, souvent durable. Dans le cadre d'un achat immobilier, ils se montrent très analytiques. Ils évaluent soigneusement les aspects financiers de leur achat, y compris le retour sur investissement, les coûts d'entretien et les tendances du marché. Attentifs aux fluctuations des taux d'intérêt et peuvent être plus enclins à attendre un moment favorable pour acheter, afin de bénéficier de conditions de financement avantageuses. Ils sont souvent plus conscients des risques associés à l'achat immobilier, ce qui les pousse à effectuer des analyses de risque détaillées avant de prendre une décision. Ils peuvent privilégier des propriétés bien situées, avec un bon potentiel de valorisation. Vu leur expérience dans le secteur financier, les banquiers sont de fins négociateurs !

Le journaliste

Voilà un métier passionnant, qui peut revê-tir plusieurs formes et s'exercer dans la presse écrite, dans les médias numériques et web, ou encore à la télévision et à la radio. Bien que les techniques, telles que l'interview ou la re-cherche de sujets, soient similaires quel que soit le support, il existe des différences notables en termes de temporalité et de traitement des sujets. Par exemple, un journaliste travaillant pour la presse locale n'a pas les mêmes mis-sions qu'un journaliste d'agence, de presse na-tionale ou d'une grande chaîne de télévision. La mission essentielle du journaliste consiste à rechercher, vérifier et transmettre des infor-mations pour divers supports, qu'ils soient imprimés ou en ligne, tout en les rendant com-préhensibles et accessibles à un large public : lecteurs, auditeurs, téléspectateurs et inter-nautes. Les journalistes peuvent se spécialiser dans des domaines variés tels que la politique, la science ou l'économie. Le métier de journa-liste évolue constamment avec l'émergence de nouveaux médias et la disparition progressive de certains canaux. Les journalistes doivent donc se préparer à des missions polyvalentes et en perpétuelle évolution. Ils doivent faire face à des risques psychosociaux et physiques liés à une profession soumise à un stress constant, tant en raison de la rapidité que de la qualité de l'information à fournir. Les reporters de terrain sont quant à eux exposés à des dangers, notamment en zones de conflits armés, et se déplacent constamment, lors de catastrophes, d'accidents, d'attentats et autres événements tragiques.

Pour établir une relation avec les journalistes, il est essentiel de savoir qu'ils n'apprécient pas d'être manipulés, courtisés, dorlotés, harcelés, censurés ou achetés. Ce sont des professionnels engagés, en recherche de qualité et de solutions fiables, avec des attentes élevées en matière de service et d'innovation.

L'homme d'église

J'ai bien connu les hommes d'église, vivant à Lourdes, même si je n'ai jamais vendu de calices, ciboires, parures d'autel ou chasubles. Les hommes d'église regroupent principalement les moines, les abbés - moines élus par leurs pairs pour diriger un monastère, une abbaye ou une communauté – les prêtres qui, dans l'Église catholique, sont ceux qui, en vertu de l'ordination sacerdotale, ont le pouvoir de célébrer la messe et d'administrer les sacrements, les curés, qui sont des prêtres placés à la tête d'une paroisse et soumis à l'évêque du diocèse dans l'exercice de leurs fonctions.

En tant que Lourdais, je voudrais également partager quelques mots sur la grotte de Lourdes. Le 11 février 1858, Bernadette Soubirous se rend au rocher de Massabielle pour y ramasser du bois mort. Ce lieu, connu sous le nom de «Tutte aux cochons», est sombre et sale. C'est là que Bernadette entend un souffle de vent et aperçoit une Dame lors de sa première apparition.

La ville de Lourdes a connu un essor constant depuis ces apparitions. Devenue un centre de pèlerinage catholique de premier ordre, elle est aujourd'hui le quatrième lieu de pèlerinage catholique en termes de fréquentation, après le Vatican, la basilique Notre-Dame de Guadalupe à Mexico et la basilique Notre-Dame d'Aparecida. En 1850, Lourdes n'était qu'un modeste chef-lieu de canton de quatre mille habitants. À Lourdes, chaque année, des millions de pèlerins viennent se prosterner devant la statue de la Vierge juchée sur le rocher. Le premier miracle pourrait bien être la multiplication des dons. Lourdes n'est pas un lieu de simple curiosité, mais un espace spirituel avant tout, comme je peux en témoigner en tant que Lourdais. La ville possède un patrimoine intéressant qui mérite d'être exploré, entourée d'une nature verdoyante qui change de teintes au fil des saisons, propice aux activités de plein air. Ville de pèlerinage pour les croyants depuis que les miracles y auraient eu lieu, elle attire des fidèles qui, par millions, viennent toucher le rocher de la grotte de Massabielle. Il est émouvant de voir les visages pleins d'espoir de ces personnes attendant d'être témoins d'un miracle. Certains, bien que sceptiques, viennent sans trop savoir à quoi s'attendre. Face au rocher, ces individus, auparavant perplexes, se figent soudain et commencent à espérer qu'un miracle pourrait se produire. Malgré leurs doutes initiaux, ils ressentent des frissons devant le rocher et la source d'eau miraculeuse… Ne quittez pas Lourdes sans avoir visité la basilique souterraine Saint-Pie X ! Avec sa forme ovale et une superficie de 12 000 m², elle peut accueillir jusqu'à vingt-cinq mille personnes.

Si vous traitez avec un homme d'église (ce qui ne devrait pas se produire tous les jours, je vous l'accorde !) gardez en tête qu'il est guidé par des valeurs d'éthique, de morale et de spiritualité, et sensible à la fraternité, à autrui et à l'intérêt collectif. Ce sont des personnes engagées qui apprécieront un vendeur de confiance, sérieux et attentif.

Les forains

Le métier de forain est un univers à part entière, que je connais bien grâce à un ami, Loulou, avec qui j'ai partagé des moments sous les drapeaux dans l'artillerie. Les forains, ou travailleurs itinérants, parcourent les routes de France, voire d'Europe, tout au long de l'année pour faire vivre leurs attractions. La vie de forain est dure et exigeante. Les enfants suivent une scolarité difficile, tandis que les épouses jonglent entre l'éducation des enfants et la gestion des stands de tir ou des manèges pour enfants. Les maris, quant à eux, s'occupent des manèges pour adultes et de l'entretien des véhicules, prêts à reprendre la route vers différentes villes pour participer à des fêtes, parfois jusqu'à trois par semaine. Cette vie itinérante engendre une grande fatigue, sans compter qu'il faut constamment déplacer des charges lourdes. De plus, les forains doivent faire face à des exigences strictes en matière de sécurité, ce qui entraîne des coûts supplémentaires liés aux assurances. Mon ami me racontait que dans les foires, la compétition entre forains pour avoir la meilleure sonorisation était intense, et que l'amélioration constante du matériel, bien que coûteuse, était essentielle pour attirer les clients.

Ne confondons pas forains et gitans. Les premiers sont souvent issus de familles qui exercent ce métier depuis des générations, tandis que les gitans sont un groupe nomade d'origine asiatique qui s'est installé en Europe il y a plusieurs siècles. Bien qu'ils puissent également être marchands ambulants ou artisans, leurs modes de vie et leurs traditions diffèrent considérablement. Les forains perpétuent une tradition familiale. Les gitans sont souvent perçus sous un jour négatif mais ils méritent respect et compréhension.

Vous ne croiserez que ponctuellement des forains au cours de votre carrière, à moins que vous ne soyez installé près d'une foire importante. Sachez que ces professionnels du divertissement sont soucieux du rapport qualité-prix, et qu'étant mobiles, ils attendent un service rapide et efficace, et ils sont sensibles à la question de la sécurité, au cœur de leur métier.

Infirmières et infirmiers

Je connais très bien trois infirmières dans ma famille, et je peux affirmer que la profession d'infirmière est un véritable engagement, marqué par l'excellence. Cette excellence dans les soins constitue la base et la raison d'être de cette profession, reflétant l'importance accordée à l'être humain et à la vie. Être infirmière ou infirmier dépasse le simple cadre professionnel ; c'est une véritable vocation. Les qualités humaines, au cœur de cette vocation, se manifeste par l'empathie et l'attention portée à chaque individu dans sa singularité. Elle se traduit également par des valeurs telles que la solidarité, la tolérance et la générosité. Les infirmières et infirmiers doivent faire preuve de bienveillance et posséder un grand sens de la compassion. Le professionnalisme d'une infirmière ou d'un infirmier se reflète dans son comportement, ses paroles et ses gestes. Parmi les compétences essentielles pour exercer avec excellence, on peut citer : la maîtrise de soi, une grande capacité de raisonnement, le respect des autres, la disponibilité, la rigueur, le sérieux et la ponctualité, ainsi que la capacité d'adaptation et le sens du travail d'équipe et des responsabilités. Être infirmière ou infirmier, c'est bien plus qu'un métier ; c'est être en contact permanent avec la maladie, la peur et des problématiques constantes. On pourrait même dire que « exercer cette profession est un véritable sacerdoce ». Florence Nightingale, fondatrice de la profession d'infirmière, a su valoriser ce métier, qui demeure l'un des plus beaux au monde. Cependant, il est regrettable de constater que les infirmières en France sont très mal rémunérées, et ont de quoi envier leurs consœurs et confrères européens, qui bénéficient de meilleures rémunérations. Honte à notre pays !

En tant que clients, infirmiers et infirmières sont attentifs à leur budget, ils recherchent des produits qui offrent un bon rapport qualité-prix et peuvent être réceptifs aux promotions et réductions. Dotés d'un esprit pratique, ils privilégient des produits qui sont fonctionnels, confortables, efficaces et durables. Et n'oubliez jamais que la sécurité et la santé sont au cœur de leur métier : essayez de le tourner à votre avantage !

Le vendeur professionnel face au vendeur professionnel

Dans cette situation, de nombreuses stratégies peuvent être mises en œuvre. Il convient de développer son argumentation en s'appuyant sur des faits concrets et indiscutables. Il faut rechercher et comprendre les besoins de son interlocuteur, identifier précisément ses attentes ainsi que les moyens qui faciliteront la prise de décision. Pour cela, il est important d'explorer ses motivations, ses défis, ses freins et ses contraintes. Clarifier les attentes dès le départ est crucial pour établir une relation de confiance, surtout lors d'une première vente avec un autre professionnel. En effet, tous deux savent que le premier contact, la première présentation est déterminante. Il est donc primordial de cerner les besoins, de comprendre ce que ce client recherche et, surtout, de lui faire percevoir l'importance d'un suivi après-vente qui dépasse ses attentes, afin de créer le lien nécessaire. Il est évident que trouver les mots justes peut sembler difficile à un vendeur débutant, mais soyez rassuré : votre interlocuteur s'est déjà probablement trouvé dans la même situation que vous ! Ne prenez pas cette rencontre pour un combat que vous pourriez perdre. Évitez de surjouer, d'en faire trop, de vous survendre. En atteignant un terrain d'entente, en maîtrisant l'art de la conversation, et en faisant preuve d'élégance et de conviction dans vos propos, un climat de confiance pourra s'installer. Vous verrez qu'engager une discussion avec un collègue expérimenté pourra ouvrir des perspectives positives. Le face-à-face entre deux professionnels de la vente est un moment éphémère mais toujours significatif. Et si vous réussissez votre coup, vous pourrez en conclure que vous maîtrisez l'art de la vente. Car oui, vendre est un art !

VII. UN MOT SUR LE MÉTIER D'AGENT IMMOBILIER

L'agent immobilier joue un rôle essentiel dans le domaine de l'immobilier, apportant avec lui une expertise précieuse et une connaissance approfondie du marché. Sa mission principale est de rapprocher les vendeurs et les acheteurs, agissant comme un intermédiaire pour encadrer leur relation. Grâce à sa présence, il centralise les informations et veille à ce que les intérêts de chaque partie soient respectés, facilitant ainsi le processus d'achat.

Un agent immobilier permet à un futur acquéreur d'explorer une variété de biens disponibles sur le marché. Bien que son catalogue soit souvent limité aux propriétés pour lesquelles il détient un mandat, il propose généralement une sélection diversifiée. En plus de la vente, l'agent peut également jouer le rôle d'intermédiaire avec d'autres acheteurs impliqués dans la transaction. Il facilite les échanges avec des professionnels tels que notaires, avocats et différentes collectivités locales.

Il est important de noter que l'agent immobilier agit au service du vendeur ou de l'acheteur, étant titulaire d'un mandat qui lui permet de négocier en son nom. Il accompagne les parties lors de la signature du compromis ou de la promesse de vente et, selon les circonstances, peut même rédiger ces documents précontractuels. Le professionnel de l'immobilier a la responsabilité de s'assurer que les conditions de la transaction correspondent parfaitement aux attentes des cocontractants. Il doit également vérifier que le vendeur est bien propriétaire du bien à vendre et qu'il a la capacité légale de le faire. En cas de vice caché, la responsabilité de l'agent n'est engagée que s'il a été informé par le propriétaire ou s'il a lui-même constaté ces défauts lors de l'examen du bien.

Pour devenir agent immobilier, il est nécessaire de posséder une carte professionnelle, qui doit être demandée auprès de la chambre de commerce et d'industrie (CCI) de la région concernée. Cette carte est valable pour une durée de trois ans. En outre, certaines qualités sont indispensables pour réussir dans ce métier. Un bon agent immobilier doit avoir un sens aigu des relations humaines, être capable de communiquer efficacement, d'influencer et de convaincre, tout en s'intégrant facilement dans différents groupes sociaux.

Un bon sens du rationnel est également crucial. Cela implique d'avoir des compétences en négociation et d'être capable d'écouter et de s'adapter aux besoins des clients. La capacité à établir un contact et à synchroniser ses actions avec celles de l'interlocuteur est primordiale. Bien sûr, un charisme naturel peut grandement faciliter ces interactions.

Un cas particulier : l'agent immobilier face au chômeur

Un chômeur ayant un conjoint en activité, même avec un salaire modeste de 1 800 euros, peut-il emprunter pour financer un projet important, tel qu'un achat immobilier ? Ne faisons pas durer le suspense plus longtemps : la réponse est oui ! Il est tout à fait possible d'obtenir un prêt immobilier même si l'un des conjoints est au chômage. Cependant, il est vrai que le parcours du chômeur pour obtenir un emprunt est plus complexe que pour une personne qui travaille et qui a fortiori a un contrat à durée indéterminée (CDI). Les banques sont de plus en plus exigeantes lorsqu'il s'agit d'examiner un dossier de crédit immobilier. Cela dit, il existe des solutions pour convaincre la banque de faire confiance à un chômeur et d'obtenir le montant de prêt souhaité. Il peut être nécessaire de faire des concessions, comme viser un projet immobilier moins ambitieux (c'est-à-dire un prix d'achat moins élevé et, par conséquent, des prestations moindres), ce qui permettra de limiter le taux d'endettement. Rallonger la durée du contrat peut également rassurer la banque et réduire le risque d'une éventuelle perte, facilitant ainsi l'accès à l'emprunt. Il est important de noter que si l'acheteur perçoit des allocations chômage, la banque peut les prendre en compte, à condition que le montant soit suffisant et que la période d'indemnisation restante soit encore longue. L'agence immobilière, si elle le souhaite, peut s'investir pour présenter un dossier solide au service des prêts immobiliers. En effet, le secrétariat est en contact permanent avec les professionnels bancaires et saura mettre en valeur le dossier de ses clients pour maximiser leurs chances d'obtenir un prêt immobilier dans des conditions avantageuses.

Un dossier bien présenté par l'agence immobilière peut véritablement faire des miracles.

VIII. CE QUE LA VIE M'A APPRIS

Je souhaite à présent partager avec vous quelques réflexions sur mes expériences et les leçons que j'ai apprises, afin que vous puissiez en bénéficier.

J'ai appris que les gens préfèrent une poignée de main franche à une simple tape sur l'épaule. Cette interaction authentique est souvent plus appréciée.

J'ai appris qu'il est possible d'en apprendre beaucoup sur une personne en observant sa réaction face à trois situations marquantes : une journée difficile, une première séparation et le décès d'un proche. Ces moments révèlent souvent le caractère et la résilience d'un individu.

J'ai appris à fixer mes interlocuteurs dans les yeux lorsque je leur parle. Cela est devenu une habitude qui renforce la communication et la confiance.

J'ai appris que le travail est le meilleur moyen de se distraire et de s'épanouir. Quelle que soit l'activité, il est essentiel de l'aborder avec sérieux, honnêteté, fair-play et respect envers les autres. J'ai appris que prendre plaisir à son travail procure une satisfaction inestimable.

J'ai appris que les actions guidées par le cœur sont généralement les plus justes. J'ai compris qu'aspirer à réussir ne doit pas se traduire par une quête effrénée de l'argent ; il s'agit plutôt de donner le meilleur de soi-même pour atteindre ses objectifs.

J'ai appris que vouloir gagner de l'argent à tout prix revient à nager à contre-courant. J'ai compris que chacun reçoit ce qu'il est capable de percevoir, et si l'on ne dispose pas de la richesse désirée, c'est souvent parce que l'on n'est pas prêt à la recevoir.

J'ai appris la différence entre réussir dans sa vie et réussir sa vie. J'ai observé que certaines personnes obtiennent tout ce qu'elles souhaitent, tandis que d'autres peinent à atteindre leurs objectifs. Cela s'explique par le fait que certains ont compris qu'ils sont les architectes de leur propre existence et agissent en conséquence. J'ai appris qu'il est donc crucial de se fixer des buts et de se battre pour les atteindre, tant sur le plan personnel que professionnel.

J'ai appris que la chance n'existe pas. J'ai longtemps cru être l'objet d'une malédiction, mais j'ai compris que mes difficultés étaient souvent le résultat de mes propres erreurs et de mon manque de réflexion. J'ai appris qu'il ne faut pas accuser le destin, c'est une vision erronée et, plus grave encore, un blasphème.

J'ai appris à peser mes mots, car ceux-ci peuvent blesser autant qu'ils peuvent apporter du réconfort. J'ai appris qu'en tant que responsable, il n'y a pas de place pour la tergiversation ou la ruse. J'ai appris que l'écoute des autres est primordiale.

J'ai appris à cultiver le bonheur en évitant les personnes négatives et déprimées. J'ai eu le privilège de côtoyer des avocats, des experts-comptables, des fonctionnaires et des membres de la haute société, tout en restant connecté à mes racines dans un quartier souvent mal perçu. J'ai appris que ces expériences m'ont permis d'avancer et d'obtenir de la considération, même si j'ai dû surmonter de nombreux obstacles.

J'ai appris que mon ignorance sur certains sujets a parfois été un frein, et il a fallu du temps pour être accepté dans des cercles plus établis. Cependant, j'ai persévéré et je m'en suis sorti.

Jeunes gens, vous avez en vous l'énergie nécessaire pour réussir votre vie ; ne la gâchez pas.

J'ai appris que peu importe la relation que l'on entretient avec un proche, son départ laissera un vide. J'ai appris que les gens oublient souvent ce que l'on leur dit, mais ils n'oublient jamais ce que l'on a fait pour eux. J'ai appris que la souffrance n'est pas toujours à exprimer et qu'il est parfois nécessaire de regarder dans le rétroviseur pour avancer.

J'ai appris qu'avec le temps, peu importe les difficultés d'aujourd'hui, la vie continue et que les choses s'amélioreront demain. J'ai appris à parler et à écrire la langue de mes parents, tout en comprenant également celles de mes amis espagnols, portugais et italiens. J'ai appris que chaque jour, j'apprends un peu plus.

Lorsque, en 1960, j'ai décidé de composer mon premier texte, une question m'est venue à l'esprit : « Comment faire ? Existe-t-il une formation ? » Et puis, une autre question s'est imposée : « Pourquoi écrire ? » À l'époque, je ne me souciais même pas du plaisir que cela pourrait m'apporter, alors qu'aujourd'hui, je réalise combien il est immense. Évidemment, mes écrits ne deviendront pas des œuvres littéraires, mais lorsque j'écris, le réel se trouve cerné, plutôt qu'il ne me cerne. Je me sens engagé dans un combat, à devoir tout prendre à revers, à tenir en respect les obstacles qui se dressent sur mon chemin.

Quand on lit, il ne s'agit pas simplement de lire beaucoup, mais de lire utilement. La lecture est à l'esprit ce que l'exercice est au corps. Dis-moi ce que tu lis, et je te dirai qui tu es.

J'ai appris que ce qui semble mauvais peut parfois se révéler bon, à l'occasion. Je ne vivrai pas éternellement, mais tant que je suis là, je refuse de perdre mon temps à me lamenter, à pleurer ou à m'inquiéter de ce qui n'arrivera jamais. Attendre quelque chose ou quelqu'un est, selon moi, la meilleure façon d'être déçu.

L'essentiel, c'est de me lever chaque matin en me disant que je vais passer une belle journée. C'est ce que je désire. Chaque soir, je remercie le ciel pour les bons moments vécus, souvent partagés avec de précieux amis. Je m'efforce de profiter au maximum de ces instants, car j'ai des regrets pour ceux avec qui je n'ai pas pu les vivre. Trop de mes amis chers sont partis avant d'avoir compris la grande liberté que l'âge nous offre. J'ai décidé de bien vieillir et de continuer à faire ce qui me plaît.

J'écris, j'écris encore, conscient que mes écrits peuvent être difficiles à suivre et en surprendre plus d'un. Ce n'est pas par désir d'impressionner, mais parce que je me laisse guider par ma personnalité. J'ai un caractère bien trempé et une manière baroque de m'exprimer. Je suis brut de décoffrage, franc de collier, sans tabou ni filtre. Je garde le cap.

Avec le temps, j'ai compris que le réel peut emprisonner et détourner rapidement l'élan nécessaire à l'écriture.

Pour conclure, si, tout comme moi, vous empruntez un chemin pas toujours facile, je ne vous dirai pas « Bonne chance », car on ne souhaite pas à quelqu'un ce qu'il possède déjà.

Une pensée ? Le savoir n'est pas une certitude, mais peut-il être le résultat d'une équation ? Pensez à l'expression du chat de Schrödinger.

J'aime la lecture et l'écriture. Après une vie intense dans le domaine de la vente et du commerce, l'écriture, en particulier celle de poèmes, occupe désormais une place centrale dans mon quotidien. J'ai beaucoup lu et me suis instruit tout au long de ma vie, car j'avais soif de savoir. J'ai travaillé avec acharnement, me consacrant pleinement à mon métier, nourri par mes lectures, mes recherches et mes observations. Aujourd'hui, je peux affirmer que ma plus belle récompense est la satisfaction d'avoir accompli ce que je souhaitais et de pouvoir m'adonner avec passion à l'écriture.

Au fil de ma longue vie, je me suis beaucoup investi, et je suis toujours là, à près de quatre-vingt-dix ans, sans canne et les pieds bien ancrés sur terre. Certes, ma tête est parfois dans les nuages, comme celle de beaucoup de mes contemporains, et mes facultés ont quelque peu diminué. Cependant, je m'efforce de rester actif dans cette société, ce qui est un avantage. Hélas, je croise certains de mes amis, un peu courbés, et je me dis qu'ils sont vieux. Inutile de faire le malin en marchant bruyamment pour paraître plus jeune ; il est évident que j'ai, moi aussi, les marques du temps qui se reflètent sur mon visage.

Me voilà, toujours dans cette vie, conscient que je vais bientôt atteindre quatre-vingt-dix ans. Eh oui, ainsi va la vie ! En tant que croyant et Lourdais, je me sens guidé par Notre-Dame de Lourdes, sous l'égide de Dieu, qui m'oriente avec clarté vers la grotte de Massabielle. Quelle beauté se dégage de cette citadelle ! Là-bas, tout est harmonie et partage, dans un bel étalage de cérémonies. Dans ces lieux bénis, Dieu pourrait me prêter vie bien au-delà de la décennie que je m'étais promise, à condition d'être muni d'un bon esprit. Je le dis sans ambages : ce sont souvent les meilleurs qui partent les premiers. Que dire alors de ceux qui, sans bruit ni tapage, tardent à partir ? N'est-il pas difficile de se maintenir en vie, parfois en souffrant, lorsqu'on voit partir les siens ? Les scientifiques ont établi des moyennes d'âge : quatre-vingt-sept ans pour les femmes, quatre-vingt-deux ans pour les hommes. Mais mettons cela au défi et affirmons que l'analyse est trompeuse : nous sommes programmés pour vivre jusqu'à cent-vingt ans. Il m'incombe de trouver un bon équilibre afin de déterminer moi-même le temps qui m'est imparti.

Après avoir pris conscience de ces quelques vérités, il me faut continuer ! Je suis plein d'enthousiasme, et je n'ai aucune crainte. Je me maintiens dans un bel espace de sérénité, au contact de jeunes de mon entourage, vivant en harmonie et oublieux des décalages.

Il est fondamental de tirer profit de chaque instant.

Je suis toujours là, c'est l'essentiel. Solidement ancré dans la réalité, je tiendrai jusqu'au bout, et même au-delà.

IX. QUELQUES RÉFLEXIONS SUR LA VENTE ET LA QUESTION DE LA FORMATION

À vous tous qui m'avez lu, je suis aujourd'hui à la retraite après plus de cinq décennies passées dans le commerce à des postes de responsabilité divers. J'ai croisé des milliers d'hommes et de femmes, dirigeants de PME et autres commerces. J'ai pu observer leur talent, leur énergie et leur audace. Cependant, j'ai constaté qu'ils rencontrent de grandes difficultés avec leurs nouvelles recrues, jeunes et moins jeunes, sortant d'écoles de commerce et autres filières. Ils n'ont pas prévu de budget pour la formation continue, ce qui fait que les débutants dans la vente se heurtent parfois à des barrières dans l'acquisition des méthodes de vente professionnelles. En effet, 65 % d'entre eux ne disposent pas de processus d'intégration. J'ajoute que dans leurs annonces, les employeurs spécifient souvent qu'ils recherchent des commerciaux dynamiques, rigoureux et motivés, avec une expérience professionnelle confirmée et un goût du challenge. Vous pensez bien que cette personne rare est déjà en poste depuis longtemps, n'ayant pas eu besoin d'annonce. Il aurait été bénéfique qu'un petit coup de pouce vienne des entreprises, qui pourraient accorder un peu de temps et de formation à leurs nouveaux arrivants. Un tant soit peu d'attention aurait pu apporter du baume au cœur à ces jeunes… Force est de constater que le problème reste en suspens. Conscient de cette situation, j'ai décidé de m'investir auprès de débutants que j'ai formés durant quelques semaines dans mes agences immobilières. J'étais content d'eux, j'ai obtenu de bons résultats. Je leur ai dit :

« Vous avez prouvé durant votre stage que non seulement vous avez du potentiel, mais aussi que vous serez d'excellents vendeurs. Vos employeurs apprécieront votre force de vente. »

Pour la grande majorité d'entre eux, dès les premiers mois d'activité, ils ne ménagent aucun effort. Je leur ai également dit :

« Vous désirez le changement ! Vous aspirez à la prospérité, vous voulez vous en sortir et accomplir de grandes choses. Vous voulez briller. Alors, quelle est la solution ? Avant tout, commencez par changer vous-même. Sortez de votre carapace, pensez autrement. Si vous voulez que quelque chose de vraiment bien arrive, c'est à vous de briser la glace pour sortir de la masse et embrasser cette grande envie qui germe en vous chaque jour. Sortez de la monotonie et de cette routine lancinante. Ressaisissez-vous, tentez quelque chose de nouveau chaque jour. Demandez plus à la vie, multipliez par mille votre envie, foncez tête baissée, yeux ouverts, et dirigez-vous dans cette direction. »

Rebellez-vous, penchez-vous sur vous-même, car personne d'autre ne le fera pour vous. Battez-vous ! Comment allez-vous faire ? Vous devez avoir le cran de vous bousculer vous-même. Faites le contraire de ce que vous faisiez auparavant. Rappelez-vous que tous les grands de ce monde, hommes et femmes, se distinguent de la masse par l'envie magique qui est en eux : c'est là la clé ; il n'y a pas d'autres solutions : il faut cultiver l'envie !

À présent, vous voilà quelque peu armés, prêts à l'action. Sachez que l'on ne peut pas arrêter l'horloge des bienfaits de la vente. Je vous promets qu'au bout du chemin, une belle situation vous attend. Et je le répète, je ne prononce pas le mot « bonne chance » : la chance est déjà en vous.

Je me réjouis de voir que mon successeur a pris ma relève avec détermination.

Trop nombreux sont les commerciaux qui

ignorent que Mercure, dans la mythologie ro-
maine, est le dieu du commerce. Assimilé au
dieu grec Hermès, il tire son nom du latin *merx*,
signifiant « marchandise ». Mais Mercure était
aussi le dieu des voyages… et des voleurs ! Attention aux ruses, restons honnêtes ! Vendre nécessite beaucoup d'adresse, mais gardons-nous
des mensonges ! Heureusement, le métier a
évolué dans le bon sens et le temps où le commercial était un beau parleur est révolu. Un
commercial doit posséder des qualités et compétences exceptionnelles, et oublier le vendeur
agressif et bonimenteur, qui bloque la porte ou
parle à tort et à travers.

Chers amis, on m'a récemment posé une
question qui m'a profondément touché :
« Monsieur, si vous aviez notre âge, entre
25 et 30 ans, pensez-vous qu'au bout de 30 ou
40 ans, votre patrimoine serait aussi important
qu'aujourd'hui, compte tenu des difficultés que
nous rencontrons ? »
Ma réponse est simple, écoutez bien. Prenons
l'exemple de mes tableaux. Je ne les mentionne
pas pour me vanter, mais parce qu'ils illustrent
parfaitement mon propos. À l'âge de 21 ans, j'ai
acheté mon premier tableau, un nu de femme,
un choix peut-être banal, mais qui a marqué

le début d'une passion. J'ai ensuite acquis d'autres œuvres pour embellir ma chambre, et aujourd'hui, ma collection s'est enrichie. Ces achats, faits à des prix raisonnables, n'étaient pas le fruit du hasard, mais d'un plaisir, d'un goût, d'une intuition qui s'éveillait en moi. J'ai appris à m'écouter, à me faire confiance, j'ai su réfléchir et imaginer. J'ai compris que rien ne s'obtient sans réflexion, même les plus belles intuitions. L'intuition se cultive par la pratique et l'expérience. Sans elle, il n'y a ni intelligence ni sens. Comment acquérir cette intelligence ? En restant curieux, ouvert au monde, en se cultivant et en apprenant à dérouler des idées. Les livres m'ont beaucoup apporté sur ce chemin. Ils ont illuminé ma vie. Le premier livre que j'ai ouvert à 19 ans m'a ouvert les portes d'un monde nouveau. Je ne lisais pas de romans, mais des ouvrages pratiques pour mieux comprendre le monde qui m'entourait. Sans la lecture, sans curiosité, sans effort de l'esprit, les opportunités restent limitées.

Dans le sport, comme dans la vie, le contact humain est essentiel. Il est impossible d'accepter l'autre si l'on ne s'accepte pas soi-même. L'acceptation implique d'accepter l'imprévisible, le doute, le risque, et de renoncer à la méfiance envers autrui.

Si j'avais 20 ou 25 ans aujourd'hui, je vous dirais que dès l'âge de 12 ans, j'avais en moi cette envie, cette détermination, ce désir de réussir, accompagnés d'une insouciance maîtrisée et d'une intuition naissante. Je reviens à votre question : oui, dans 30 ou 40 ans, je serai parvenu à mes objectifs, car je sais dire « je veux » et je le veux de toutes mes forces. Je suis même convaincu que ma situation serait meilleure aujourd'hui ! Nous vivons à une époque d'ouverture où ceux qui souhaitent se faire une place le peuvent. La situation actuelle n'est pas aussi dramatique que vous le pensez. À travers les siècles, il y a toujours eu des périodes moroses, voire sombres, mais pendant ces périodes, on a toujours vu des personnes qui ont su sortir de l'ombre, malgré un environnement et des conditions difficiles. Mon parcours, tout comme mes tableaux, a été façonné par l'opportunité, l'intuition et l'envie. L'ambition, souvent mal perçue, est en réalité un moteur puissant pour atteindre ses objectifs.

J'ai beaucoup appris par moi-même, en empruntant des chemins différents des voies conventionnelles. Faire les choses par soi-même nécessite de l'audace, de la force de caractère, une ouverture d'esprit, de l'initiative, de la créativité et une forte motivation. J'ai voulu sortir d'un milieu que je jugeais médiocre et croire en mon étoile. Je tiens à souligner qu'il n'est pas nécessaire de passer par les arcanes de l'université ou des grandes écoles pour réussir. Parfois, une formation trop poussée peut nous faire perdre le sens du risque et nous empêcher d'agir, sans compter que ces écoles ne mettent pas assez l'accent sur l'importance de développer un réseau de relations.

Je ne suis pas certain qu'il existe une recette unique pour développer son projet, mais ce que je sais, c'est qu'il faut agir avec cœur, dans un domaine que l'on aime. Même avec un budget limité, si vous aimez votre activité, vous y arriverez. Aimer son activité, c'est la seule manière de garder l'envie, la motivation, qui sont les éléments indispensables à la réussite. Certains semblent nés avec la motivation vissée en eux, ils ont au plus profond d'eux-mêmes une étincelle qui les pousse et les porte !

Je vous encourage à croire en vous, à cultiver vos passions et à ne jamais perdre de vue vos objectifs. Le chemin peut être semé d'embûches, mais avec détermination, envie et audace, tout est toujours possible.

SOMMAIRE